AF367043

El imperativo relacional

Recursos para un mundo al límite

MONTABER

KENNETH J. GERGEN

El imperativo relacional
Recursos para un mundo al límite

Traducción: Adrià Gibernau

MONTABER

Colección: Psico·Logos
Director: Adrià Gibernau

Título original:
The relational imperative. Resources for a world on edge
2021, Taos Institute Publications

Taos Institute Publications es el propietario de las ediciones originales
en lengua inglesa. Esta traducción se publica de acuerdo con la edición
de Taos Institute Publications

El imperativo relacional. Recursos para un mundo al límite
1.ª edición, enero 2024

© 2023, Kenneth J. Gergen
© de esta edición, incluido el diseño de la cubierta, Debbi Stocco

Edita: Montaber – Marge Books
Brutau, 160 – 08203 Sabadell (Barcelona)
Tel. 931 429 486 – montaber@montaber.es
www.montaber.es

Traducción: Adrià Gibernau
Edición: Ester Vidal
Compaginación: Mercedes Lara
Impresión: Safekat, SL (Madrid)

ISBN edición impresa: 978-84-19109-62-0
ISBN edición digital: 978-84-19109-63-7
Depósito Legal: B 2030-2024

 El papel empleado en este libro no ha sido blanqueado con cloro elemental (CI_2).

Dedicado a Mary M. Gergen
1938-2020

Amada compañera e inspiradora relacional

Índice

El autor

Kenneth J. Gergen es Catedrático de Psicología de la Universidad de Swarthmore y Presidente del Instituto Taos. Es conocido internacionalmente por sus contribuciones a la teoría construccionista social, la tecnología y el cambio cultural, y la teoría y la práctica relacionales. Entre sus principales obras traducidas al español figuran: *Realidades y relaciones: aproximación a la construcción social* (Paidós, 1996), *El Yo saturado. Dilemas de identidad en el mundo contemporáneo* (Paidós, 2006) y *El ser relacional. Más allá del Yo y de la comunidad* (Desclée de Brouwer, 2015). Su libro más reciente es *Relational Evaluation: Beyond the Tyranny of Testing* (con Scherto Gill). Gergen figura entre los 50 psicólogos vivos más influyentes del mundo y ha recibido numerosos premios por su trabajo, incluidos títulos honoríficos tanto en Estados Unidos como en Europa.

Prólogo a la edición en español

Escribir estas líneas introductorias al último libro de Kenneth Gergen no es una tarea fácil. Quienes no conozcan a Gergen y estén a punto de leer un libro suyo por primera vez deben saber que se trata de esa clase de pensadores que ocupan un lugar central en la historia intelectual de una disciplina (la psicología social crítica o no ortodoxa) y cuyas ideas, por tanto, tienen la virtud de resistir tenazmente el paso del tiempo y a la vez conservar un aroma seductor e inspirador. Gergen fue un revulsivo académico, construyó un movimiento teórico, desafió el *establishment* disciplinar(io) de la psicología social en un ciclo de crisis epistémica, impulsó una cultura terapéutica crítica y contribuyó a hacer de la psicología una herramienta útil para pensar y problematizar fenómenos culturales y políticos contemporáneos. Mito y referencia fundacional del construccionismo social, cualquier intento de resumir su trayectoria o de recrear sus principales ideas está condenado de antemano a quedarse corto. Quienes, por contra, conozcan bien la obra de Gergen y hasta se basen en ella en su práctica académica o terapéutica, no encontrarán nada nuevo en este prólogo sino una selección (teñida de las preferencias personales y asociaciones libres de quien escribe) de sus principales aportaciones y destellos reflexivos. Si, como sostiene Gergen, las narraciones construyen las realidades en las que vivimos, este prólogo no puede ser sino otra posible historia más sobre el mundo de Gergen y su obra.

Esta historia comienza en el año 2000 en la Facultad de Psicología de la Universidad de Barcelona, cuando un número reducido de estudiantes esperábamos con ansiedad el inicio de un curso de psicología social. La idea de incorporar a nuestras discusiones una mirada que resituaba al sujeto en un entorno complejo, prometía acercarnos a una dimensión de la experiencia humana que había sido sistemáticamente eclipsada por la mayoría de las asignaturas que habíamos cursado hasta el momento, focalizadas en procesos cognitivos y factores biológicos individuales. La psicología social se nos antojaba más cercana a los fenómenos propios de la vida cotidiana de la gente común, a un modelo de persona más «real»; menos atomizada y matematizada, y más contextualizada y comprensiva. Por extensión, el hecho de situar al sujeto en unas coordenadas sociales, relacionales y estructurales, cuestionando las lecturas etiológicas individualistas y psicologizantes propias de los modelos de sujeto de la psicología estándar, también abría el debate en torno al potencial liberador y políticamente transformador de la práctica psicológica.

Sin embargo, pronto tuvimos sentimientos encontrados al cursar psicología social. El indudable interés que nos despertaban las dinámicas de la identidad social, la obediencia, la conformidad, el prejuicio o el liderazgo grupal, chocaba insistentemente contra un muro de premisas muy cuestionable acerca de la naturaleza humana y el conocimiento de la realidad social. Y es que, en aquellas clases, la psicología social se reducía al estudio de un individuo anterior a su contexto, a la contrastación experimental de hipótesis teóricas formuladas al margen de los marcos de ocurrencia real de los fenómenos estudiados y a una muy rebatible pretensión de universalidad del conocimiento psicosocial alineada con una tradición positivista naturalizada como la única legítima y verdaderamente científica. La promesa de *esa* psicología social dejaba mucho que desear.

Aun así, nos encontramos con materiales teóricos muy sugerentes y que, en su capítulo historiográfico, incluían la célebre crisis de relevancia de la psicología social en la década de 1970, que parecía poner sobre la mesa claves para compensar la insatisfacción que nos creaba la asignatura. En una de las lecturas, dedicada a las grandes metateorías de la psicología social, tras la atractiva explicación del interaccionismo simbólico («no nos relacionamos con la realidad, sino con lo que la realidad significa para nosotros»), un breve párrafo de escasas cinco líneas mencionaba el construccionismo social («una teoría que afirma que la realidad y la verdad no son objetivas sino construcciones derivadas de prácticas sociales»). El paréntesis que seguía a esa definición (una transcripción literal de lo que recuerdo) incluía la referencia a un tal Gergen, del cual no se hablaría más hasta el año siguiente y de forma también parca en la asignatura de psicología social aplicada.

Que Gergen y el construccionismo social ocuparan un rincón ínfimo en el gran manual de psicología social no es casual, como tampoco lo era nuestra avidez por saber más de aquello que insinuaba ese titular impactante y que nos llevó a virar las páginas del libro para ver (en vano) si en algún momento volvía a hablarse de la construcción social de la realidad. Irónicamente, con el paso de los años descubrimos que no hay nadie mejor que Gergen para explicarnos esta reducción del construccionismo social al estatus de anécdota curiosa en el relato teórico estándar de la psicología social. La historia, incluida la historia de las disciplinas, es una construcción posible del pasado que cumple funciones en el presente y que se fabrica desde una perspectiva parcial, con frecuencia presentada como la más objetiva –o la única– desde la retórica de los hechos. La narración histórica dominante de la psicología social seguía una secuencia lineal, progresiva y acumulativa, con marcos teóricos que se iban sucediendo, superando y mejorando para ganar cada vez más precisión y pretensión de verdad acerca de principios psicosociales universales y transhistóricos. Todo era sospechosamente simple y, al mismo tiempo, manifiestamente insuficiente para tener la sensación de que esas explicaciones psicosociales podrían dar cuenta de la complejidad de la vida social de las personas «reales».

En ese relato, los planteamientos de Gergen suponían un tiro en el pie de la psicología social. Como pudimos aprender el año siguiente en el curso de psicología social aplicada, gracias al texto fundacional de Gergen titulado *Social psychology as history*,[1] los conocimientos psicosociales nunca pueden tener un valor universal porque están históricamente situados: son útiles para comprender y transformar los fenómenos que motivan su producción, pero su abstracción teórica desde la pretensión de universalidad para ser aplicados a otros fenómenos, lugares y contextos desvirtúa la realidad misma. Esta queda encapsulada conceptualmente y reducida explicativamente a categorías simples que, si bien son más manejables para la satisfacción de la voluntad investigadora, con frecuencia no colman el universo de sentidos y procesos emergentes que producen esa realidad concreta. La teoría psicosocial «pura» (la que permanece detenida en los libros en forma de procesos básicos universales) sobredetermina la investigación psicosocial porque sus observaciones asociadas fabrican la realidad observada desde las prescripciones teóricas y los valores culturales de quien investiga. Además, los mundos de sentido estrictamente locales y situados de las personas investigadas (es decir, lo que para las

---

[1] Gergen, K. J. (1973). Social psychology as history. *Journal of Personality and Social Psychology*, 26(2), 309-320.

personas es «la realidad») y su incidencia en la producción de los fenómenos observados, tampoco parecía caber en el relato psicosocial normativo. En definitiva, la propuesta de Gergen suponía un ataque a la línea de flotación de una psicología social que había ido construyendo y legitimando su estatus epistémico (a duras penas, en comparación con otras disciplinas científicas más consolidadas) sobre unos pilares ideológicos de progresión y verdad científicas que el construccionismo había venido a desmantelar.

En el marco más amplio de las ciencias sociales, los planteamientos de Gergen ciertamente no eran nuevos, sino que formaban parte de un movimiento más amplio de contracultura académica que hacía una enmienda a la totalidad de la ideología científica al uso. Esta última estaba cimentada en los postulados de un positivismo que, en sus versiones supuestamente más indulgentes («post», «neo»), seguía abrazando la retórica de la verdad única y la creencia en una realidad anterior a su conocimiento e independiente de quien observa y de sus valores. Era la máxima expresión del procedimiento hipotético-deductivo (verificacionista o falsacionista), que producía un modelo de verdad que se presentaba como universal e incuestionable. Pero Gergen, como harían el relativismo posmoderno, el realismo crítico y las sociologías reflexivas del momento, ponía en jaque las nociones de realidad, verdad y de progreso que abrazaba la psicología para autopresentarse como una disciplina *científica*.

De pronto, al tirar del hilo de esta crítica epistemológica (y política) que Gergen nos ofrecía, nos encontramos con una ciencia social que se definía a sí misma como una práctica colectiva; que no descubría hechos y verdades estables escondidos en una realidad prerreflexiva, sino que en sí los fabricaba como acto reflejo de unas coordenadas históricas locales (culturales, institucionales, ideológicas) siempre variables. Estas, producidas y expresadas desde los dispositivos y la retórica de la ciencia, generaban efectos de verdad ocultando sus relaciones de producción. Derivado de este planteamiento, no podía haber, según Gergen, una separación entre la psicología social básica (pura, experimental, productora de teoría atemporal) y una psicología social aplicada a la realidad (contextualizada, contingente respecto de fenómenos sociales concretos), puesto que la primera ya en sí se producía en un ámbito práctico de la realidad (el laboratorio, la academia), cuyos sujetos constructores eran los propios psicólogos sociales en sus culturas normativas de trabajo.

Así pues, el movimiento socioconstruccionista impulsado por Gergen y las ramificaciones psicosociales del «giro lingüístico» (por ejemplo, la psicología discursiva) abrieron el cauce de este *momentum* de contracultura epistémica en el ámbito de la psicología social. Hubo, por supuesto, otros cauces que confluyeron para aportar caudal crítico a la psicología social, configurando un territorio de contestaciones y problematizaciones (hacia afuera pero también en el interior mismo de la teoría psicosocial crítica) donde se convocaban el análisis del discurso y la filosofía del lenguaje, la sociología del conocimiento científico, las aportaciones marxistas, la psicología de la liberación, la analítica foucaultiana del poder, la teoría feminista, la teoría psicoanalítica lacaniana y lecturas que rescataban psicologías sociales «otras» que habían permanecido injustamente fuera de foco en el relato histórico oficial. De forma igualmente importante, y como destacó el propio Gergen al final de *Social psychology as history*, este movimiento sísmico que estaba sacudiendo la geografía normativa de la psicología social debía ser necesariamente transdisciplinaria, implicando el diálogo y la fertilización cruzada con la sociología, la antropología, la ciencia política, la filosofía, la literatura y otras ramas del saber (académico y popular). Nuevamente, el proyecto de una psicología social que no podía no ser histórica y que no podía no asumir la naturaleza socialmente construida y situada de sus «verdades», socavaba otro principio básico de la psicología social al uso: su independencia disciplinaria y su estatus como campo de conocimiento epistémicamente autosuficiente.

Como sucede con cualquier planteamiento rupturista, más allá de las resistencias y de las críticas que típicamente generan, entre sus reverberaciones posteriores tienden a permanecer mensajes que acaban con el tiempo siendo incorporados –en general, de forma no declarada y como fenómenos de influencia indirecta– por quienes históricamente han sostenido posturas reacias al cambio de paradigma. Así como el psicoanálisis ha sido una rica fuente no reconocida de hipótesis en líneas de investigación que lo han denostado, hoy en día los primeros planteamientos de Gergen aparecen en prestigiosas revistas de psicología *mainstream,* dándole la razón cincuenta años después. Un ejemplo claro de ello es el reconocimiento por parte de la American Psychological Association (APA)[2] de que la mayor parte del conocimiento que produce la psicología en revistas norteamericanas procede de datos obtenidos de tan solo un 5 % de la población mundial, si bien sus conclusiones se asumen como verdades universales acerca de la psicología humana. En línea con esta identificación ideológica de la parte por el todo, la prestigiosa revista *Behavioral and Brain Sciences* publicó en 2010 un artículo[3] en el que criticaba que la mayor parte del conocimiento que produce la psicología deriva de estudios con población WEIRD (*western, educated, industrialized, rich and democratic societies*), cuando la evidencia

---

[2] Arnett, J. (2008). The neglected 95%. Why American psychology needs to become less American. *American Psychologist,* 63(7), 602-614.

[3] Heinrich, J., Heine, S., y Norenzayan, A. (2010). The weirdest people in the world? *Behavioral and Brain Sciences,* 33(2-3), 61-83.

experimental comparada entre países muy diferentes arroja resultados completamente contradictorios que impiden postular (y
menos aún demostrar) la existencia de una psicología universal.
Desde la perspectiva de las psicologías sociales no ortodoxas, no deja
de sorprender que los aparatos ideológicos del *establishment* «psi»
se muestren perplejos ante el «descubrimiento» de que la gente es
muy diversa y de que el conocimiento «psi» no tiene más remedio
que construirse e interpretarse de forma local y situada. Aunque
con menos altavoces y más adversarios, estas psicologías sociales
llevan ya décadas insistiendo en la idea de que el relato psicológico debe estar arraigado en su contexto de producción, al cual
debe servir para transformarlo en un sentido emancipador. La
reivindicación de una psicología vernácula anti-apartheid lidera-
da por Steve Biko en Sudáfrica, las lecturas anticolonialistas y por
una psicología de/para la liberación de Franz Fanon, Martín-Baró
o Achille Mbembé en Centroamérica y África, y la apuesta por
psicologías descolonizadoras culturalmente situadas en el resto
del mundo no alineado, son solo unos pocos ejemplos de ello.

La huella del pensamiento y de las propuestas de Gergen se
extiende, no obstante, a otros muchos frentes de producción de
saber psicosocial y de práctica profesional. El movimiento construccionista no solo supuso el cuestionamiento de la racionalidad
científico-social hegemónica, sino una declaración de principios
acerca del estatus ontológico (es decir, sobre la naturaleza misma)
de la realidad y del sujeto psicológico. Se trata, sin duda, de la
cuestión que más claramente aflora en el libro que el público
lector tiene en sus manos, cuyo título coloca la relación social
como fuente primaria del ser (no como su consecuencia) y de la
creación de los mundos de significado que vertebran lo que de
forma variable y contestada las personas llamamos «la realidad».
Tal y como resumiría Tomás Ibáñez a la estela de Gergen, el
construccionismo social es antirrealista, antirrepresentacionista

y antiesencialista. Es decir, asume que no existe una realidad independiente y anterior al conocimiento de la misma, que el conocimiento no refleja fielmente la realidad sino que la (re)crea constantemente, y que no hay una esencia inmanente y estable en eso que llamamos y tratamos como «la realidad». Por el contrario, se propone que aquello que entendemos como «lo real» emerge siempre como un efecto objetivado de prácticas sociales discursivas, materiales y afectivas en contextos cultural y políticamente regulados. Estos postulados se aplican a cualquier descripción y explicación cotidiana, tanto del mundo exterior (por ejemplo, una «crisis económica», la «raza» o la regeneración urbanística de un barrio entero) como de lo que construimos como «la psicología de las personas» (por ejemplo, nuestra identidad, las razones de suspender un examen o el significado y la expresión del libre consentimiento en una relación sexual).

En *El imperativo relacional*, Gergen insiste una vez más en la cocreación colaborativa de significados en contextos y secuencias interactivas, disponibles mediante la participación dialógica en sistemas culturales compartidos, y que recrean de manera situada lo que las personas entendemos y tratamos como realidad de forma necesariamente relacional, coordinada e interdependiente. Este principio relacional básico implica que las unidades que se ponen en juego en la relación (las personas) *no son nada antes y fuera de la relación*, y que es precisamente la propia dinámica relacional la que los constituye según una lógica de interpelación y de cointerpretación constante. De hecho, en el marco socioconstruccionista la idea de sentido común según la cual las personas somos individuos independientes, autosuficientes, libres y poseedores de una psicología interior privada, es en sí el efecto de un discurso históricamente situado (la narrativa de la modernidad) y no la representación fiel de una esencia humana universal. Es más, la institución de la psicología como ciencia moderna ha tenido una influencia decisiva en el apuntalamiento, naturalización y legitimación de este modelo de sujeto desde la retórica incontestable de la ciencia positiva. Un modelo de sujeto que, como denuncia Gergen en el libro, en última instancia socava cualquier posibilidad de construir una vida plena en común al situarse en la base de lógicas hegemónicas de competitividad, jerarquía, dominación y autoculpabilización. En la medida en que el imperativo relacional gana centralidad en la constitución de la realidad y deviene fuente del ser, lo que propone Gergen no es otra cosa que una ontología relacional y progresiva, en cuyo marco las fuentes del ser se renuevan de acuerdo con los múltiples frentes relacionales que van actualizando el potencial constitutivo de la persona como sujeto amarrado a las distintas tramas relacionales en las que se va desarrollando.

Esta aproximación a lo que Gergen denomina el «ser múltiple» encuentra el grado máximo de detalle y desarrollo teórico en *El yo saturado*[4] y en *La terapia como construcción social*,[5] dos obras en las que realiza una crítica psicocultural del advenimiento y la instauración cotidiana de las nuevas tecnologías, por un lado, y una propuesta de psicoterapia narrativa, por el otro. En el primer caso, Gergen diagnostica un síndrome contemporáneo, la «multifrenia», para referirse a la situación de «colonización del yo» que deriva de la multiplicación de frentes relacionales habilitado por las nuevas tecnologías; se ampliarían *ad infinitum* las demandas relacionales de un sujeto que, desbordado y abrumado por tantas fuentes sucesivas o simultáneas de ser, acabaría subjetivamente

---

[4] Gergen, K. J. (2006). *El yo saturado. Dilemas de identidad en el mundo contemporáneo*. Barcelona: Paidós Ibérica. (Trabajo original publicado en 1991).
[5] McNamee, S. y Gergen, K. J. (1996). *La terapia como construcción social*. Barcelona: Paidós Ibérica. (Trabajo original publicado en 1992.)

saturado. Es sorprendente que Gergen publicara este libro apenas al comienzo de la década de 1990, cuando Internet todavía no formaba parte de nuestras vidas cotidianas, el *smartphone* no existía ni en las películas de ciencia ficción y las redes sociales no estaban mediatizadas por la tecnología. No obstante, *El yo saturado* y su teoría relacional del ser múltiple proporcionaban argumentos y reflexiones para comenzar a pensar lo que hoy representan subjetivamente las tecnologías digitales convertidas en prótesis u órganos vitales del humano como ciborg: la delegación del yo en la imagen y el relato, simulacros de un sujeto volcado en dinámicas relacionales virtuales instantáneas, aceleradas y efímeras, sostenidas ansiosamente por el reconocimiento social masivo como fuente última de ser.

En cuanto a *La terapia como construcción social*, editado junto con Sheila McNamee,[6] la centralidad del imperativo relacional y su corolario ontológico acerca del ser múltiple traen al frente el papel de la narrativa en la construcción social de la realidad y la identidad. Ya en *Realidades y relaciones*, publicado en 1994,[7] Gergen había desarrollado sus ideas acerca de lo que la psicología narrativa anteriormente había denominado *la naturaleza historiada de la vida cotidiana*. Como la propia psicología cultural constructivista de Jerome Bruner había puesto sobre la mesa a finales de la década de 1980, la versión construccionista de la perspectiva narrativa destacaba cómo el sentido cotidiano que las personas damos a lo que somos y nos sucede suele estar estructurado como

---

[6] De la cual, se acaba de publicar una actualización traducida al castellano: McNamee, S., Rasera, E. F. y Martins, P. (2023). *La práctica de la terapia como construcción social.* Barcelona: Montaber.

[7] Gergen, K. J. (1996). *Realidades y relaciones: aproximaciones a la construcción social.* Barcelona: Paidós Ibérica. (Trabajo original publicado en 1994.)

una historieta *(story-line)*. En ella, las personas nos representamos y significamos como personajes que actuamos en secuencias temporalmente organizadas y según relatos culturalmente familiares de los cuales derivamos el sentido de la experiencia (por ejemplo, el malestar tras un matrimonio fracasado, la superación heroica de un cáncer o un encuentro fortuito en el metro esta mañana con un amigo al que no veíamos desde hace veinte años). Lo más interesante de este planteamiento narrativo es su aplicación al ámbito psicoterapéutico. Gergen destaca, como también resume en uno de los capítulos del presente libro, el potencial de producción de bienestar del cambio de marco narrativo de la persona que sufre, simplemente promoviendo dinámicas de renarración del yo que habiliten una resignificación de la situación vital por parte de la persona. Este proceso de cambio de encuadre narrativo y de reubicación subjetiva en *story-lines* plausibles con valor reparador, es indesligable de una crítica a la violencia simbólica que define típicamente la relación terapéutica. Gergen no se cansará de destacar la necesidad de «horizontalizar» la relación interventiva, deshaciendo la jerarquía de inteligencias y acreditaciones inherente a la definición hegemónica de la relación terapeuta-paciente, en la que el primero es un experto que sabe más sobre el paciente que el paciente mismo, y sobre el cual opera técnicamente para reparar algo que él o ella no es competente para reparar, como si se tratara de un objeto roto. Subvertiendo este marco organizativo de las relaciones de poder en el *setting* terapéutico, Gergen defiende procesos relacionales dialógicos en los que el rol de terapeuta consiste en ser un frente comunicativo con el cual la persona que lo está pasando mal pueda explorar posibilidades de reconstrucción narrativa y de realineamiento del yo, reencauzándola hacia lo que el propio Gergen llama «una vida plena».

El listado de contribuciones de Gergen −solo o en coautoría con Mary Gergen− al desarrollo de las perspectivas construccionistas en psicología social desbordaría lo que es razonable incluir en un prólogo a esta breve y sintética obra. Basta mencionar sus contribuciones a la metodología cualitativa interpretativa y a la aproximación hermenéutica como consecuencia lógica de la centralidad del significado en la construcción de las realidades cotidianas y científicas, o su artículo sobre *El cerebro aculturado* en 2010, en el que nos alerta sobre el exceso de entusiasmo de la psicología por los procesos neurológicos y nos recuerda que el cerebro está permanentemente moldeado por procesos socio-culturales de los que no es causa, sino producto e instrumento principal.[8]

Llegados a este punto, poco podemos comentar sobre *El imperativo relacional* que no quede impecablemente explicado en el libro en palabras de su autor. Se trata de un libro de urgencia, redactado al estilo de un manual de resistencia y de inspiración para el cambio social en un mundo desbocado, donde los grandes temas de Gergen se reúnen de forma sintética para recordarnos que solo una acción conjunta y decidida basada en el principio relacional puede sacar a la humanidad adelante en la búsqueda de una vida plena y personal en común.

Andrés Di Masso

---

[8] Gergen, K. J. (2010). The acculturated brain. *Theory & Psychology*, 20(6), 795-816.

El imperativo relacional

Recursos para un mundo al límite

Prefacio

Permíteme compartir algunas de mis preocupaciones al escribir este libro:

- El mundo se encuentra en un estado de cambio cada vez más rápido e impredecible. Parece que hay poco a lo que podamos aferrarnos, poco que sea sólido o fiable.
- En un mundo en transformación, nuestras instituciones ya no son adecuadas. La educación parece cada vez más irrelevante, las organizaciones son imposibles de gestionar y no se puede confiar en los gobiernos.
- En todas partes hay antagonismo: entre religiones, partidos políticos, naciones, grupos raciales y étnicos, clases económicas… Los conflictos son cada vez más mortíferos.
- No parece haber una brújula moral. La multiplicidad de valores, ideologías y creencias nos lleva a luchar unos contra otros o bien a ser tachados de relativistas.
- Las naciones del mundo se interesan principalmente por su propio bienestar, mientras las amenazas al bienestar global —como el cambio climático, los virus mortales y la injusticia— quedan en un segundo plano. La acción colectiva es una ocurrencia tardía.

Si también te preocupan estos aspectos, este libro te resultará un compañero estimulante. Se trata, en efecto, de retos de gran magnitud, pero mi esperanza es que caminando juntos –autor y lector– podamos crear caminos prometedores para seguir adelante.

Mi propuesta central para este viaje es una nueva perspectiva. Para encarar estos enormes retos, nos solemos basar en la idea de que el mundo está formado por unidades independientes o delimitadas. Las unidades pueden ser individuos, por ejemplo, o familias, escuelas, organizaciones, gobiernos y demás. Desde este enfoque, las relaciones son secundarias y resultan de la interacción entre dos o más unidades. La presente propuesta da un salto radical: lo primordial es el proceso relacional, y las unidades adquieren su identidad dentro de este proceso. De este proceso surgen nuestros sistemas educativos, la salud y la enfermedad toman forma, y las organizaciones y naciones prosperan o perecen. Si queremos avanzar en la superación de los retos que tenemos por delante, es imperativo prestar atención al proceso relacional. El futuro de la vida planetaria depende de su bienestar. Porque si nos seguimos fijando en notas aisladas, la armonía continuará siendo escurridiza.

Muchas de las ideas centrales de este libro se desarrollaron en una obra anterior y más extensa, *El ser relacional: Más allá del yo y de la comunidad*. A muchos lectores les pareció una propuesta tan desafiante como inspiradora. Mi plan para el presente libro es ofrecer un vehículo breve pero accesible para compartir estas ideas ya desarrolladas. Sin embargo, el mundo ha cambiado desde la publicación de la obra original en 2009. Cabe destacar dos movimientos significativos que han alterado el curso del presente trabajo. El primero es la creciente sensación de un mundo fuera de control. Nos hemos dado cuenta de que la revolución digital ha desencadenado una oleada de retos y oportunidades sin precedentes. En un abrir y cerrar de ojos, cualquier acontecimiento, iniciativa, imagen u opinión local puede saltar a la escena mundial, con consecuencias múltiples e impredecibles. A su vez, estamos presenciando la continua degradación del medio ambiente. La desaparición de las reservas de agua, los incendios forestales desenfrenados y los huracanes devastadores ponen de manifiesto el problema del calentamiento global. Y, aunque la pandemia de covid-19 dejó dolorosamente claro que «todos estamos juntos en esto», nos falta la capacidad de unirnos.

El segundo movimiento principal ofrece esperanza. Este movimiento surge precisamente de la creciente preocupación por los problemas, los potenciales y las prácticas a la hora de relacionarnos. En todo el mundo está floreciendo una gran variedad de innovaciones en el ámbito de las relaciones. Prácticas nuevas y prometedoras aparecen en los campos de la educación, la terapia, la sanidad, el desarrollo de las organizaciones, la administración pública y muchos más. Se percibe una conciencia creciente de que *podemos* encontrar formas de seguir adelante en conjunto y con éxito. Mi esperanza en este libro es que una perspectiva relacional aporte unidad y fuerza a este movimiento, y que los recursos logren inspirar el continuo desarrollo de futuros más viables y prósperos.

Kenneth J. Gergen

Capítulo 1
La entrada en el mundo relacional

*Los límites de nuestro lenguaje
son los límites de nuestro mundo.*

Ludwig Wittgenstein

Las capacidades creativas de los seres humanos son inmensas. Durante el siglo pasado conseguimos aprovechar la energía atómica, llegar a la luna y desarrollar tecnologías para comunicarnos al instante de punta a punta del planeta. Sin embargo, curiosamente, cuando nos fijamos en nuestras relaciones con los demás, no encontramos nada que esté a la altura de estos logros. Aunque llevamos miles de años de convivencia, la vida cotidiana está marcada por la desconfianza, los prejuicios, la falta de consideración y el egoísmo. A mayor escala, seguimos enfrentándonos a conflictos polarizados, injusticia, opresión y derramamientos de sangre. ¿Por qué hemos fracasado de manera tan estrepitosa en los esfuerzos por progresar en la forma de relacionarnos como humanidad? ¿Es posible que nos hayan cegado las suposiciones, el modo de deliberar y el sentido común? Tal vez el propio lenguaje que utilizamos en las deliberaciones se interponga en nuestro camino.

No se trata de un asunto menor, puesto que los desafíos globales son cada vez más amenazadores. Con la emergencia de tecnologías globales, cada problema local es potencialmente de alcance mundial, todas las tradiciones pueden antagonizarse con otras y en cualquier momento pueden estallar nuevos movimientos. Como suele decirse, ahora nos enfrentamos a «problemas retorcidos», es decir, problemas de importancia urgente pero que son tan complejos, cambiantes y requieren tanta información, que desafían toda solución. La presente obra rompe con las herramientas tradicionales de razonamiento y abre la puerta a un replanteamiento radical en la manera de entendernos a nosotros mismos, a nuestro mundo y a las formas de vida en común.

Para apreciar este potencial, consideremos la presuposición generalizada de que el mundo social está formado por personas separadas. Desde esta perspectiva, solemos poner la atención en las cualidades y características de los individuos. Tenemos miles de términos para hablar de los estados mentales de un individuo: emociones, pensamientos, recuerdos, estados de ánimo, valores y demás. Estas son las herramientas que utilizamos para tomar decisiones sobre nuestras vidas y nuestro futuro. Y cuando las cosas nos van mal en las relaciones, empezamos a preguntarnos: ¿quién es el responsable? ¿Qué individuo tiene la culpa?

Este mismo énfasis en las unidades independientes llena también los debates sobre familias, escuelas, organizaciones y naciones. Nos centramos en la calidad de la vida familiar, la reputación de la escuela local o la organización del departamento de policía. En el caso de las naciones, tenemos bibliotecas llenas de informes sobre países individuales, que contienen sus respectivos orígenes, historias y características. Fundamentalmente, nuestro vocabulario para el entendimiento está dominado por una *presunción de separación*. Como resultado, el vocabulario para hablar de las relaciones entre las distintas entidades está empobrecido. Es como si tuviéramos miles de términos para describir piezas individuales de ajedrez, pero poco que decir sobre el juego. A los Grandes Maestros de ajedrez, sin embargo, les ocurre lo contrario.

Así pues, este libro trata de suspender el interés por las unidades delimitadas y explorar los procesos de relación. En el presente capítulo, primero examinaremos el supuesto de la separación. Sus consecuencias corrosivas para nuestras vidas son particularmente preocupantes. Esto preparará el camino para un cambio de paradigma: de un mundo de separación a un mundo de *procesos relacionales*.[1] Como estudiaremos, casi todas nuestras acciones –incluidos los puntos de vista sobre lo que es real, racional y correcto– deben su existencia a este proceso relacional. De hecho, de este proceso surge lo que consideramos cualidades y características de los participantes. En el capítulo 2 nos centraremos en el proceso relacional de la vida cotidiana para avanzar en la comprensión de la perspectiva relacional. Mientras que estos capítulos iniciales se focalizan en las relaciones cotidianas, posteriormente pasaremos a ámbitos de consecuencias más trascendentales. En ellos analizamos las aplicaciones en educación, terapia y atención médica, vida organizativa, conflictos y gobernanza. En todos los casos encontramos innovaciones valiosísimas para seguir adelante juntos en un mundo al límite.

Más allá del individuo y de la comunidad

Si te pidieran que describieras el mundo que te rodea en este momento, ¿qué dirías? Quizá hablarías de varios objetos: un es-

---

[1] El término «relacional» puede utilizarse de diferentes maneras, y no todas son agradables. El presente trabajo es radical en muchos aspectos, y posiblemente se distinga de otros por su denominación de teoría del proceso relacional.

critorio, un ordenador, una lámpara y una silla. También hay una ventana, una puerta y puede que un amigo sentado al otro lado de la habitación. La vida de siempre… Pero examinemos más de cerca lo que se presupone en esta simple descripción. Lo que se ha proporcionado es una especie de inventario de objetos o entidades independientes. Aquí hay una mesa, allí una silla, más allá un amigo, etcétera. Se podría decir que es un mundo hecho de *unidades independientes*. Para la mayoría de estas unidades disponemos de un rico vocabulario descriptivo. Solo hace falta pensar, por ejemplo, en todo lo que podríamos decir sobre un ordenador o un amigo. Entender el mundo en términos de unidades no es una idea nueva. En la cultura occidental nos remontamos a los escritos del filósofo griego Demócrito, que afirmó que nuestro mundo se compone, en esencia, de unidades físicamente indivisibles llamadas átomos. Esa perspectiva todavía nos acompaña; la física atómica es solo un ejemplo. Y, aún más importante, esta visión atomista del universo es ahora el mundo del sentido común: un mundo de escritorios, ordenadores y amigos.

Sin duda, esta mirada atomizada del mundo tiene su utilidad. No solo la mayoría de nuestras actividades cotidianas dependen de ella, sino que también lo hace gran parte de la ciencia. Sin embargo, resulta de especial interés la forma en que nos entendemos a nosotros mismos, como individuos independientes. Cada persona se identifica con un nombre (junto con una serie de números y contraseñas), diseñado para diferenciarnos de los demás. Esta forma de entendernos –como unidades separadas o delimitadas– también está vinculada a valores y estilos de vida compartidos. En gran parte del mundo, la libertad personal y la autonomía son elementos muy apreciados; los logros individuales y los actos de heroísmo son premiados y reconocidos, mientras que la pereza y la cobardía se menosprecian. Estos valores no solo determinan la vida cotidiana, sino que también están arraigados en muchas de nuestras instituciones. En las escuelas, por ejemplo, evaluamos a los alumnos individualmente; cada uno es responsable de hacer un trabajo independiente. En los lugares de trabajo, contratamos a trabajadores individuales, evaluamos su rendimiento individual y descartamos a aquellos cuyo rendimiento es inferior. En los tribunales de justicia decidimos sobre la culpabilidad o inocencia de individuos. La institución de la democracia occidental se basa asimismo en el valor de la elección individual y en el derecho a la autodeterminación.

Entonces, ¿dónde está el problema?

Si vivimos cómodamente dentro de la tradición de los seres independientes, ¿por qué deberíamos buscar una alternativa? En este punto es fundamental darse cuenta de que una visión atomizada del mundo es solo una posible forma de entenderlo. Aunque te veas ti mismo como separado de los demás, en la mayoría de los círculos eres solo «ellos». El hecho de que nos entendamos como individuos independientes –cada uno con sus propios pensamientos, sentimientos y deseos– es consecuencia de la historia y la cultura. Como señaló el célebre antropólogo Clifford Geertz:

> La concepción occidental de la persona como un centro delimitado, único y dinámico de conciencia, emoción, juicio y acción organizado en una totalidad diferenciada y contrapuesto a otras totalidades... es una idea bastante peculiar en el contexto de las culturas del mundo.[2]

---

[2] Geertz, C. (1979). From the native's point of view: On the nature of anthropological understanding. En P. Rabinow y W. M. Sullivan (Eds) *Interpretive social science.* Berkeley: University of California Press. p. 59.

Si podemos reconocer que la manera en que nos entendemos a nosotros mismos y al mundo —y los valores que atribuimos a esta forma de comprenderlo—, no está impuesta por la forma de ser del mundo, entonces somos libres de preguntarnos por los límites o las deficiencias de nuestra perspectiva. Y, si encontramos problemas, podemos explorar y crear alternativas. En este sentido, consideremos algunas de las críticas más destacadas a la tradición individualista:

¡Yo primero! Si somos fundamentalmente independientes los unos de los otros —y yo soy responsable de mis actos—, entonces, ¿cuál es el propósito de la vida? Una respuesta obvia a esta pregunta es cuidar de mí mismo. Asegurarme de que **yo** estoy bien: con seguridad, buena alimentación y éxito. Esta también es la postura de innumerables científicos sociales. Como propuso Sigmund Freud, nacemos con un deseo fundamental de autocomplacencia.[3] El psicólogo humanista Abraham Maslow propuso que la mayor necesidad humana es la autorrealización.[4] Los economistas contemporáneos basan sus teorías del comportamiento económico en el deseo fundamental del individuo de maximizar el beneficio propio y minimizar las pérdidas. Los sociobiólogos sostienen que el interés básico del ser humano es perpetuar sus propios genes.[5] Todas estas ideas avalan la lógica de anteponernos a nosotros mismos. Hay otros nombres para esto: egoísmo, egocentrismo, narcisismo...

La perspectiva del *yo primero* también está relacionada con cuestiones de ética y confianza. Hay que aceptar que en el caso de la ética, la tradición occidental insiste desde tiempos inme-

---

[3] Freud, S. (1933). *New introductory lectures on psycho-analysis*. Londres: Hogarth.
[4] Maslow, A. (1991). *Motivación y personalidad*. Madrid: Ediciones Díaz de Santos.
[5] Dawkins, R. (1993). *El gen egoista*. Barcelona: Salvat Editores.

moriales en el cuidado de los demás. Un ejemplo claro es el mandato del cristianismo: «Amarás a tu prójimo como a ti mismo». Son precisamente estos valores los que sustentan las tradiciones de caridad y filantropía. Sin embargo, aunque valoremos estos esfuerzos, es importante resaltar que también sostienen la presunción de separación: «tú» debes amar a «tu prójimo» «como a ti mismo» –ah, tu primer amor–. Si entendemos que el amor a uno mismo es lo primero, también establecemos las bases para sospechar de los demás. No se puede confiar por completo en nadie más allá del beneficio que obtiene para sí mismo. Esto incluye a familiares, vecinos, comerciantes, políticos y demás. Incluso los votos de amor pueden ocultar la posibilidad de que solo seas un «buen negocio». Lo inteligente, como suele decirse, es «mirar por uno mismo».

Soy mejor que tú… ¿o no? Dada la importancia que me doy a mí mismo, es lógico que me pregunte: «¿Cómo me comparo con los demás? ¿Soy superior? ¿Soy inferior?». Estas cuestiones se convierten en un tema central de la vida en sociedad. Y este proceso de *comparación social*, como lo llama la psicología, tiene dos consecuencias desafortunadas. La primera es el problema de la autoestima. Cuando los demás parecen «mejores que yo», o cuando «soy de segunda categoría», el resultado suele ser una sensación de inseguridad o de falta de confianza en uno mismo. Los terapeutas llevan mucho tiempo observando la necesidad generalizada de autoestima en la cultura occidental. La gente duda de su valía, de sus capacidades, de su simpatía, de su aspecto, etcétera. Desde la psicoterapia hasta los programas educativos diseñados para reforzar la autoestima de los estudiantes, se intenta ayudar a la gente a sentirse *bien*. A esto hay que añadir la proliferación de gimnasios, la cirugía plástica, el sector de la moda y la multimillonaria industria cosmética, que se alimentan de esa inseguridad: de alguna manera, parece que nos falta algo. Y lo que es más importante, si no abrazáramos el supuesto de la separación, el problema de la autoestima se desvanecería.

La segunda consecuencia desafortunada de la comparación social es la búsqueda de superioridad: ser mejor que los demás. Ahí donde haya comparaciones de mejor o peor, hay una invitación a ser mejor. Esto puede significar encontrar razones para justificar la propia superioridad –racionalizar por qué la moralidad, la cultura, la religión o los gustos estéticos propios, por ejemplo, son «los mejores»–. Del mismo modo, los alumnos que sacan buenas notas en la escuela pueden mirar por encima del hombro a los que sacan peores notas; los que tienen más riqueza que los demás pueden verse a sí mismos como mejores, más trabajadores o más merecedores de cualquier cosa. Como se suele decir, «a nadie le gustan los perdedores». Aquí también es evidente que el escenario está preparado para la división social y el conflicto.

¿Por qué debería importarme? Si vivimos en un mundo de individuos fundamentalmente separados, las relaciones son secundarias. Solo existen cuando dos o más individuos se unen. Son construcciones artificiales que podemos «construir» o «trabajar» y abandonar si no satisfacen nuestras necesidades. Nos sentimos justificados para abandonar una relación si restringe nuestra libertad o socava nuestro crecimiento personal. También se nos anima a preguntarnos: «¿Cuánto estoy obteniendo de esta relación?», «¿Cuánto tiempo y esfuerzo me está costando?». Como dicen los científicos sociales, adquirimos una *actitud instrumental* hacia los demás. Empezamos a tratarles como meros instrumentos para satisfacer las propias necesidades y deseos. Y, si no se satisfacen –si los costes son mayores que los beneficios–, ¿no habrá llegado el momento de «seguir mi propio camino»? ¿Qué sentido tiene continuar con un matrimonio, podríamos preguntarnos, «cuando no es divertido para mí»? ¿O por qué tendría que ir a eventos familiares «cuando no obtengo nada de ello»?

¿O militar políticamente para ayudar a la comunidad? ¿No tengo que «mirar primero por mí»?

Egoísmo, desconfianza, ansiedad, celos, alienación, impulsos destructivos e irresponsabilidad social: estas son solo algunas de las consecuencias de la creencia común de ser un yo independiente. Pero hay otras. Los críticos de la tradición individualista también han localizado las fuentes del racismo, la codicia, la explotación económica y la indiferencia común ante la pobreza.[6] Así que hay razones de sobra para reconsiderarla.

¿La comunidad es una solución?

Si las formas tradicionales de entender el mundo son perjudiciales para nuestra vida conjunta, ¿cómo podemos escapar al «sentido común»? Y, en el caso de que pudiéramos, ¿qué alternativas hay? La respuesta más obvia es buscar otras tradiciones y aprender de sus formas de vida. A diferencia a la cultura individualista occidental, hay muchas culturas del mundo en las que el individuo no ocupa el centro del escenario. Entre estas alternativas, las más visibles son las llamadas sociedades *comunitarias*. En ellas, no se valora al individuo, sino al grupo al que pertenece. El grupo puede ser una familia, una comunidad, una tribu, una casta, una religión, una nación, etc., pero la vida individual es secundaria en comparación con el bienestar del conjunto. Para muchos pueblos del mundo, este modo de vida comunitario ha aportado seguridad, dirección, claridad moral, confianza y sentido.

---

[6] Véanse lecturas adicionales al final del capítulo.

Sin embargo, como se suele reconocer, una vida centrada en la comunidad también tiene deficiencias significativas. La lealtad al grupo puede ser asfixiante. Las nuevas ideas, las perspectivas alternativas y las expresiones creativas pueden amenazar la tradición o la doctrina del grupo. Desviarse de la autoridad religiosa o política, por ejemplo, puede llevar al encarcelamiento o la ejecución. También hay problemas para tomar decisiones inteligentes. Cuando se da máxima prioridad al acuerdo del grupo, hay poco lugar para quien piensa de forma distinta. El término *pensamiento de grupo* se refiere a casos en los que la exigencia de solidaridad grupal conduce a decisiones cerradas, carentes de sensibilidad y simplistas. Y, en un mundo en el que la tecnología genera condiciones de cambio rápido e impredecible, restringir la deliberación a la voz del grupo es una receta para el desastre.

En cualquier caso, la celebración del grupo suele conllevar muchos de los mismos problemas que el compromiso con el yo individual. Tanto el individuo como el grupo son *entidades esencialmente independientes*. Esto significa que la mayoría de los problemas que encontramos en el caso del individualismo también se replican en el ámbito grupal. Porque, cuando nos consagramos a «nuestro grupo primero», los demás grupos se vuelven invisibles, ajenos o peligrosos. Es «nosotros contra ellos». En la competición entre partidos políticos sufre la nación; en la competición entre naciones sufre el bienestar global. Si «nuestro grupo» es superior, tenemos derecho a gobernar. Nos convertimos en los dueños de la Verdad, en una nación por encima de las otras, en un pueblo señalado por Dios o en una raza superior. Aquí yacen las semillas de la brutalidad arrolladora.

Hacia una alternativa relacional

Al principio está la relación.

Martin Buber

En este punto, nos encontramos en un momento crucial de la discusión. Hemos analizado dos tradiciones sumamente veneradas para entender quiénes somos como seres humanos. Ambas se basan en la idea de entidades delimitadas: el individuo autónomo, por un lado, y la primacía del grupo, por el otro. Ambas tradiciones han aportado mucho a nuestras preciadas formas de vida, pero también han contribuido a un sufrimiento considerable. La pregunta —desafiante y profunda— que se nos plantea ahora es cómo podemos entender nuestro mundo social de otra manera. ¿Cómo podemos forjar un planteamiento que evite las trampas de la separación fundamental y el egoísmo? Y, lo que es más importante, ¿podría esa alternativa abrir el camino hacia formas de vida más viables y prósperas?

Acción coordinada: Los orígenes relacionales del sentido

En vista de las limitaciones de la tradición individualista, muchos pensadores han optado por centrarse en la importancia de las relaciones en nuestras vidas. Han puesto de relieve la importancia del amor mutuo, la compasión, la generosidad, la tolerancia, el respeto o la responsabilidad moral. Sin embargo, la mayoría de estas tentativas parten del supuesto de que somos seres limitados y exploran cómo deberíamos tratarnos entre sí en condiciones ideales. De hecho, el individuo sigue siendo la entidad primaria, fundamentalmente separada, y entonces se le invita, se le recuerda y se le ruega que cuide del otro. ¿Y si invertimos el orden de importancia y empezamos por el *proceso relacional*, una condición de unión fundamental? En este caso, cualquier cosa que pueda decirse de los individuos surge de las formas de relación.

Empecemos con una ilustración visual. Considera las formas en que podrías organizar tres líneas aleatorias en un trozo de papel. Por ejemplo, aquí están dispuestas para formar lo que solemos considerar una flecha, la letra H y una cara enfadada.

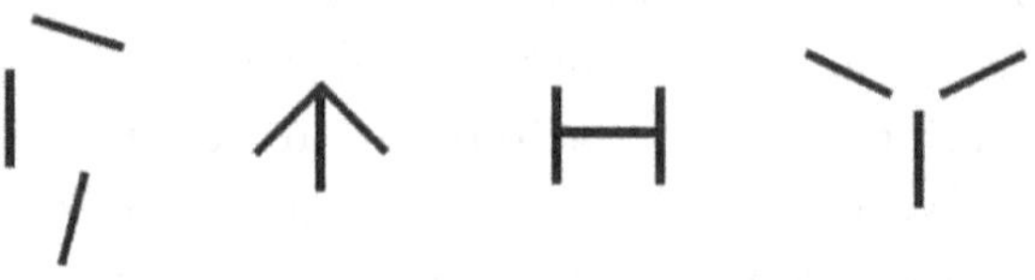

Separadas unas de otras, las líneas no tienen ningún significado por sí mismas. Sin embargo, cuando se relacionan de estas formas, se llenan de significado. Siguiendo la misma lógica, consideremos las siguientes palabras: *es, vestido, muy, ese, bonito*. Cada palabra por sí sola, sin contexto, carece de sentido igual que una línea aleatoria. Sin embargo, en cuanto las situamos en una relación concreta se llenan de significado: *Ese vestido es muy bonito*. Pero, ahora, pongamos estas palabras en acción. Imagina que las dice un hombre que camina por la calle y las dirige aleatoriamente a cualquiera que pase por allí. Lo más probable es que te preguntes si es un enfermo mental, alguien a quien hay que evitar. Por sí solo, el enunciado es ambiguo, como las líneas inconexas de la ilustración. Supongamos, en cambio, que el hombre —llamémosle Rolf— le dice estas palabras a Sandra, una compañera de trabajo, cuando se cruzan por el pasillo. En este contexto, las palabras empiezan a adquirir sentido, quizá como un agradable cumplido.

Pero imaginemos que Sandra estaba concentrada en la preparación de una presentación y no oyó las palabras de Rolf. ¿Podríamos decir entonces que se trata de un cumplido? Las palabras pueden parecer un cumplido, pero hasta que no se coordinan de algún modo con el reconocimiento de Sandra, los sonidos estarán simplemente flotando en el espacio. Supongamos que Sandra levanta la vista del papel y responde: «¡Oh, gracias!». Con la respuesta de Sandra, el enunciado cobra sentido como cumplido. Metafóricamente, con ese acto de agradecimiento Sandra hace que las palabras de Rolf se conviertan en un cumplido.

Esto puede parecer bastante sencillo, pero consideremos ahora la expresión de Sandra: «¡Oh, gracias!». Aunque pueda parecer un acto de agradecimiento, ¿qué pasaría si estuviera paseando por la calle diciendo estas palabras sin dirigirse a nadie en particular? Sería algo desconcertante, quizá incluso un indicio de locura. Sus palabras no fueron, por tanto, un acto de agradecimiento *en sí mismo*. Solo se convirtió en una muestra de gratitud cuando se coordinó con el comentario particular de Rolf. Como en el caso anterior, el comentario que le hizo Rolf plantó la semilla de la que pudo nacer el cumplido.

Como vemos, ni el «cumplido» ni el «agradecimiento» existen como acciones independientes de un individuo. Las acciones solo se convierten en significativas *en su relación con las demás*. En efecto, Rolf y Sandra se necesitan mutuamente para cobrar sentido. En términos más formales, podríamos decir que mediante la *acción coordinada* ambos adquieren sentido. Sin coordinación, sus palabras caen en el sinsentido. La coordinación precede al contenido. Y lo mismo ocurre con todas las palabras que poseemos. Ninguna ha sido creada por un solo individuo. Nuestros sonidos solo se convierten en palabras mediante una acción coordinada. O, como propuso Wittgenstein, no existe un «lenguaje privado», conocido por un único individuo. Solo en el proceso de coordinación los sonidos se convierten en lenguaje.[7] Cuando hablamos con alguien, nos basamos en una historia de coordinación que, a veces, puede tener un origen muy antiguo. Pero, en el momento en que hablamos, estamos al borde del sinsentido. Nuestras vidas como seres con sentido se restablecerán (o no) en aquello que venga después.

Significado en movimiento

Si observamos a dos personas dialogando, normalmente centramos la atención en quien está hablando. Por eso, en las películas, primero vemos en la pantalla el rostro de la actriz que se dirige al actor, y luego la cámara se desplaza al actor cuando este responde. Pero, en esta representación, apenas somos conscientes del elemento más crucial: *la coordinación de sus expresiones*. Las expresiones solo adquieren sentido dentro de la coordinación. Para apreciar mejor la relevancia de la coordinación, volvamos al cumplido de Rolf. ¿Qué pasaría si Sandra hubiera respondido a sus expresiones de la siguiente manera?

Rolf: *Ese vestido es muy bonito.*
Sandra: *¡Repite eso y te denunciaré por acoso!*

O bien:

Rolf: *Ese vestido es muy bonito.*
Sandra: *¡Qué amable! ¿Nos tomamos un café?*

---

[7] Wittgenstein, L. (2017). *Investigaciones filosóficas.* Madrid: Trotta.

En el primer ejemplo, lo que parecía un cumplido se convierte en un acercamiento inapropiado; en el segundo, las mismas palabras dan pie a una invitación romántica. En efecto, Rolf no controla el significado de sus palabras. En ese momento, su futuro depende de la respuesta de ella.

Aquí es interesante considerar nuestra preocupación por el carácter o la personalidad de quienes nos rodean. ¿Cómo es él o ella como persona? Podemos describir a una persona como *cálida* y a otra como *fría*, a una como *generosa* y a otra como *tacaña*. Y como a veces nos planteamos: «Soy… ¿inteligente? ¿Egocéntrico? ¿Creativo? ¿Idealista? ¿Tímido?». Todas estas preguntas tratan las características como si fueran inherentes a la persona individual. Como en el caso del ajedrez, la atención se centra en la pieza concreta. Pero volvamos a los ejemplos anteriores. ¿Rolf es un cohesionador de equipos que hace cumplidos, un macho depredador, un tierno romántico, o…? Sus palabras son idénticas en todos los casos, pero nuestra percepción de su personalidad toma forma a través de la respuesta de su compañera. Del mismo modo, ninguno de nosotros es inteligente, egocéntrico o creativo independientemente de los demás. No hay cómicos sin gente que ría. No somos dueños de lo que queremos decir o de lo que somos. Es en el proceso relacional donde nos encontramos, nos perdemos y renacemos.

Aun así, este enfoque sigue siendo demasiado reducido. Tan solo hemos extraído un par de expresiones coordinadas del flujo continuo de la vida. Aunque hemos dejado a Sandra la última palabra en la definición de su compañero, el proceso de creación de sentido sigue en marcha. Sus palabras están ahora abiertas a la respuesta de Rolf. Consideremos las siguientes posibilidades:

Rolf: *Ese vestido es muy bonito.*
Sandra: ¡Repite eso y te denunciaré por acoso!
Rolf: *Es una pena que no reconozcas un cumplido cuando lo oyes.*

O bien:

Rolf: *Ese vestido es muy bonito.*
Sandra: ¡Repite eso y te denunciaré por acoso!
Rolf: *Todo el mundo dice que eres una paranoica, ¡y ahora me lo creo!*

Con su respuesta, Rolf ha definido la personalidad de Sandra, posiblemente como insensible en el primer caso y como perturbada mental en el segundo. Y, al redefinir la personalidad de Sandra de esta manera, no podemos concluir con facilidad que él sea un macho depredador. Pero, como podemos ver, Rolf no tiene la última palabra en este asunto. A medida que la conversación continúa, con cada comentario va dando forma a lo que precede, de manera que las personalidades de los participantes irán evolucionando. Del mismo modo, las escuelas crean alumnos fracasados, los psiquiatras crean enfermos mentales y los tribunales de justicia crean delincuentes. Pero, ¿deben estas instituciones tener «la última palabra»?

Los orígenes relacionales de la acción corporal

Hasta ahora nos hemos centrado en el modo en que el significado se coconstruye constantemente en una conversación. Ahora debemos ampliar la mirada. Al fin y al cabo, las palabras son acciones corporales y, exceptuando los propósitos analíticos, no deberían separarse de la actividad física. Esto se hace evidente cuando se considera el lenguaje de signos: la cocreación de significado a través de los gestos de las manos. Veamos una conversación cotidiana como un proceso corporal de coordinación, muy parecido a las actuaciones de los trapecistas.

De la misma manera que las palabras cobran sentido a través de la acción coordinada, lo mismo ocurre con los movimientos del cuerpo. Cuando los recién nacidos mueven brazos y piernas sin rumbo aparente, sus movimientos no están llenos de sentido. Es decir, no vemos en ellos un intento de la criatura de decirnos algo. Cuando llegan a los tres años, la mayoría de sus movimientos son culturalmente significativos. La socialización es en esencia un proceso para incorporar el recién nacido a los patrones de coordinación comúnmente aceptados. Es el proceso de relación el que da forma a cómo, cuándo y dónde alguien habla, sonríe, llora, grita, camina, se sienta, corre, etc. Por ejemplo, cuando un amigo te habla, lo más probable es que ninguno de los dos se apoye en una sola pierna, dé saltitos o agite los brazos. Todas estas acciones son posibles, pero serían muy extrañas. Lo más probable, sin embargo, es que estéis orientados cara a cara y que, mientras uno habla, el otro asienta con la cabeza, sonría, haga muecas o bien adapte sus expresiones faciales a lo que dice el interlocutor. Las acciones de hablar y escuchar son como un baile: la plena coordinación corporal es imprescindible.

Vayamos un poco más lejos: mientras hablas con tu amigo, ¿qué llevas puesto? Si es sábado por la mañana y estáis en la calle, puede que sean unos vaqueros; si estáis en una piscina, quizá sea un bañador; y si se trata de una boda, posiblemente sea un vestido formal o un esmoquin. No sería fácil intercambiar prendas entre estas ocasiones. Sería inusual, por ejemplo, llegar a una boda en bañador. Porque, igual que las palabras que utilizamos, la forma en que nos vestimos adquiere su significado en una historia de coordinación. Como dijo Wittgenstein, nuestros juegos lingüísticos están integrados en nuestras formas de vida.[8]

---

[8] *Ibid.*

Piénsalo: si eliminaras de tu vida todo lo que no tiene su origen en un proceso relacional, ¿qué quedaría? Imagino que muy poco, tal vez respirar, digerir, dormir y otras necesidades biológicas. En definitiva, podemos rastrear *el origen de toda acción con sentido hasta el proceso relacional.*

Acción coordinada y construcción del mundo

Tal y como hemos propuesto, «dar sentido» es una actividad colaborativa, tanto en las palabras como en las acciones. Ahora tengamos en cuenta que, en las conversaciones cotidianas, hablamos de maneras muy distintas sobre nosotros mismos, nuestra familia, amigos, política, deportes y demás. Estas son realidades que se dan por sentadas. Todas las palabras que empleamos en estas conversaciones son el resultado de una acción coordinada. Al mismo tiempo, hemos generado acuerdos sobre cuándo, cómo y dónde se utilizan. En el mercado, por ejemplo, hemos acordado llamar «manzanas» a ciertos objetos y «piñas» a otros. Por supuesto, estos nombres son muy útiles en la vida cotidiana, pero podríamos haber usado otros términos en vez de «manzanas» y «piñas». De hecho, estas palabras no existen en otros idiomas que no sean el español. En este sentido, los nombres son arbitrarios; si fuera útil podríamos llamarlos «alfas» y «betas». Del mismo modo, en Occidente, si tuviéramos que describir a un hombre que apoya la cabeza entre las manos y que está llorando, podríamos utilizar palabras como «triste» o «deprimido». Por lo general, no lo describiríamos como «enfadado» o «hambriento», porque esa no es nuestra tradición para denominar tales situaciones. Esto parece bastante claro, pero las implicaciones son profundas.

Casi todo el mundo estaría de acuerdo en que las manzanas y las piñas son reales, junto con los árboles, las montañas, los desiertos, el océano y demás. Todo esto existe en el mundo, no son invenciones ni mitologías. Pero este razonamiento implica caer en la *falacia de la concreción equivocada*, ya que tratamos a las palabras como si fueran objetos o acontecimientos concretos. De hecho, las manzanas y las piñas, los árboles y las montañas no existen. Algo puede existir, pero las palabras son simplemente útiles para llevar a cabo la vida cultural. ¿Existen las alfas y las betas? Parece extraño preguntarlo, pero si nos basáramos en estos términos para referirnos a lo que llamamos manzanas y piñas, es probable que afirmáramos que las alfas y las betas son, sin duda alguna, reales. Lo mismo puede aplicarse al conocimiento científico. Términos como partículas atómicas, elementos químicos, ósmosis o crecimiento económico se crearon en diversas comunidades para coordinar sus actividades. Sin embargo, cometemos un error al decir que «las partículas atómicas existen en el mundo». Las descripciones y explicaciones científicas resultan útiles para que distintas comunidades lleven a cabo su trabajo. Y lo que es más importante para nuestros intereses presentes, sin el proceso de acción coordinada, no hablaríamos en absoluto de personas individuales. Hablamos de individuos que se unen para formar una relación, pero es dentro del proceso de coordinación donde nace la idea misma de individuos separados. La idea del individuo independiente ha sido útil para muchos propósitos, pero es peligrosa para trazar nuestro futuro.

Estas mismas propuestas se aplican a lo que llamamos «buenas razones», o racionalidad. Las «buenas razones» son formas de hablar valoradas por un grupo de personas en un momento dado. Lo que un partido político considera una «opción racional» puede ser calificado de «peligrosamente engañoso» por otro. Lo que se considera «buen pensamiento» en una clase universitaria puede ser criticado por «demasiado cerrado y abstracto» en otra. Las lógicas matemáticas se generan dentro de comunidades de consenso a partir de lo que se considera lógico dentro de esas comunidades. Cuando hablamos de ética, moral o valores, también participamos en tradiciones de relación. Lo que consideramos moral en una tradición es inmoral en otra. Que uno recorra kilómetros para manifestarse en favor de la justicia o para inmolarse con una bomba suicida depende de su historia de relaciones. En definitiva, *el origen de todo lo que consideramos real, racional y bueno se encuentra en el proceso de relación.* Todo lo que creemos o pensamos, todo por lo que merece la pena vivir o morir nace, vive o perece en el proceso de coordinación. Si queremos sobrevivir juntos, prestar atención al proceso relacional es imperativo.

Otros recursos

Abib, M. A. y Hesse, M. B. (1986). *The construction of reality*. Cambridge: Cambridge University Press.

Bellah, R. N., Madsen, R., Sullivan, W. M., Swidler, A. y Tipton, S. M. (1989). *Hábitos del corazón*. Madrid: Alianza.

Garfinkel, H. (2006). *Estudios de etnometodología*. Barcelona: Anthropos.

Gergen, K. J. (2015). *El ser relacional. Más allá del Yo y de la comunidad.* Bilbao: Desclée de Brouwer.

Gergen, K. J. (2015). *An invitation to social construction.* (3ª ed.). Londres: Sage.

Latour, B. y Woolgar, S. (2022). *La vida en el laboratorio: La construcción de hechos científicos*. Madrid: Alianza.

Leary, M. R. (2004). *The curse of the self: Self-awareness, egotism, and the quality of human life*. Nueva York: Oxford University Press.

Linell, P. (2009). *Rethinking language, mind and world dialogically*. Charlotte, Estados Unidos: Information Age.

Rosemont, H. (2015). *Against individualism. A Confucian rethinking of the foundations of morality, politics, family and religion*. Lanham, Estados Unidos: Lexington Books.

Sampson, E. E. (2008). *Celebrating the other: A dialogic account of human nature*. Chagrin Falls, Estados Unidos: Taos Institute Publications.

Shapin, S. (1995). *A social history of truth: Civility and science in seventeenth-century England*. Chicago: University of Chicago Press.

Shotter, J. (1993). *Conversational realities: Constructing life through language*. Londres: Sage.

Capítulo 2
Vivir en el flujo relacional

Todo fluye.

HERÁCLITO

Tal y como hemos propuesto, la antigua suposición de que el mundo social está compuesto por entidades independientes conduce a la alienación, el egocentrismo, la hostilidad y la explotación. Aquí se ofrece una visión alternativa que sitúa el origen de todas las acciones significativas en un proceso en el que participamos continuamente. Y en este proceso nos convertimos en quienes somos. En este sentido, el *proceso precede a las personas*. Mientras que los capítulos restantes de este libro exploran los potenciales prácticos de esta visión, este capítulo se dedica a ampliar los recursos conceptuales. Con ello se pretende profundizar en la comprensión del proceso relacional, proporcionando así herramientas para la posterior configuración de prácticas. En este capítulo seguimos centrándonos en la vida cotidiana. En primer lugar se introduce el concepto de *ser múltiple*, una forma de entender a la persona como portadora de potenciales relacionales. A continuación, nos centramos en la puesta en práctica de estos potenciales en el proceso de relación. Son de especial interés los patrones que sustentan, animan y socavan nuestras formas de vida. Por último, abordamos la cuestión de los valores éticos. Desde una perspectiva relacional, abrimos un nuevo camino para ir más allá del relativismo ético.

Recursos para la relación: el yo como ser múltiple

Yo contengo multitudes.

Walt Whitman

Solemos pensar que los individuos se juntan para formar relaciones. El individuo existe; las relaciones son artificiales. Aquí invertimos este axioma: lo que llamamos persona toma forma a partir del proceso relacional. Que consideremos que la esencia de la persona es un alma, una toma de decisiones consciente o un cerebro en acción depende de la tradición de creación de significado en la que participemos. De hecho, en el discurso de la física atómica, el mundo material no contiene personas. Así pues, para los fines que nos ocupan, consideremos los cuerpos humanos como portadores de *potenciales para la acción relacional*. Los cuerpos permiten y limitan nuestros movimientos, pero todo lo que hacen en términos de acción significativa emerge del proceso relacional. Vamos a explorarlo.

Cocreación de potenciales

Como adultos, tenemos la capacidad de leer, escribir, contar historias, jugar, ser una madre o un padre cariñoso, etcétera. Todas ellas son acciones dentro del flujo del proceso relacional. En la infancia, no teníamos ninguno de estos potenciales. Hay muchas maneras de explicar cómo pasamos de un estado de relativa incapacidad a ser hábiles en todos estos aspectos. En este caso, lo más útil es considerar el aprendizaje como un proceso relacional. Para concretar, imaginemos que tienes tres años y tu madre está intentando enseñarte vocabulario. Saca un libro y lo abre por una página en la que hay una manzana roja. Señala la imagen y dice: «manzana». A medida que los dos entráis en una espiral de coordinación mutua –atención, ajuste, imitación, etc.– adquieres la capacidad de pronunciar la palabra «manzana» en presencia de la imagen.

Parece sencillo, pero ten en cuenta que en este proceso de acción coordinada has ampliado tus posibilidades de cuatro maneras. En primer lugar, has adquirido una habilidad útil para participar en un uso comúnmente aceptado de la lengua. En segundo lugar, al mismo tiempo, mientras tu madre realiza una serie de acciones complejas –hablar, sonreír, señalar, etc.–, tú adquieres la capacidad de actuar como ella. En esencia, ejercitas la capacidad de imitación o *mímesis*. Incluso de adultos, muchos de nosotros imitamos cómo eran nuestras madres cuando éramos niños. En tercer lugar, durante este proceso de acción coordinada emerge tu capacidad de ser un cierto tipo de persona, un aprendiz obediente en este caso, que puede decir «manzana» en el momento adecuado. Por último, sales del proceso con la capacidad de participar en un proceso de relación, como si aprendieras el modo de bailar en pareja. En resumen, a través del proceso relacional, ahora puedes: *1) participar en una acción útil en términos relacionales, 2) comportarte como lo hace el otro, 3) comportarte como un yo particular y 4) implicarte en una forma de coordinación entre tú y el otro.*

Ahora ampliemos la esfera de las relaciones. Añadamos tu relación con tu padre, por ejemplo. A través de esta espiral continua de relaciones, acabas adquiriendo habilidades útiles, junto con el potencial para comportarte como tu padre: decir el tipo de cosas que él diría, responder a las situaciones como él respondería. También llevas contigo el tipo de persona(s) en que te convertiste cuando estabas con él, quizá respetuosa, temerosa o rebelde. Y sabes cómo funciona el proceso de coordinación: quién dice qué a quién y en qué orden. También puedes tener hermanos y hermanas, cada uno de los cuales amplía tus posibilidades de participación relacional. Y luego están los muchos amigos y conocidos que te has ido encontrando a lo largo de los años. Tu forma de reír puede parecerse a la de uno, tu manera contar historias a la de otra, tu estilo a la hora de vestir puede asemejarse a la de otros, igual que tu comida favorita y tus gustos musicales. Más allá de estas figuras, puede haber parejas sentimentales, profesores, jefes, guías espirituales y más. A medida que el proceso relacional avanza en espiral, podemos ampliar cada vez más nuestros potenciales de acción coordinada.

Estos recursos también pueden adquirirse a través de las relaciones con los medios de comunicación: libros, televisión, cine, etc. Fijémonos en la forma en que leemos relatos o vemos películas. Normalmente, nos imaginamos a nosotros mismos en uno de los roles centrales de la historia. Por momentos, nos convertimos en el héroe, el detective o el amante. Podemos compartir sus aspiraciones, miedos, valentía y desamores. Y, aún más importante, adquirimos el potencial de actuar como imaginamos que lo harían ellos, de ser valientes, cariñosos, audaces, astutos... Podemos llevar con nosotros el potencial de ser santos y pecadores, policías y ladrones, o de género fluido.

En resumen, emergemos de un historial de relaciones como seres múltiples. Llevamos con nosotros un enorme potencial para la acción, incluso si solo una fracción puede llegar a desarrollarse en el escenario de la vida. A lo largo del día, muchos de estos recursos entran en acción al relacionarnos con una amiga, un compañero de trabajo, un padre, una hija, un cliente o un amante.

Potenciales para la acción acumulados

Perspectivas de futuro

Durante el día, en todo momento nos hallamos inmersos en procesos relacionales. Incluso cuando los demás no están físicamente presentes, nuestras actividades se llevan a cabo dentro de las lógicas que hemos adquirido en esos procesos. Cualquier cosa que «tenga sentido» se origina en la cocreación. No obstante, vamos a centrarnos en los encuentros cara a cara y la confluencia de seres múltiples. Cada uno puede contener multitudes, pero en el momento del encuentro se pone en marcha el reto de coordinar la acción. Cada uno de los participantes recurre a sus recursos adquiridos, y todo lo que dice o hace cualquiera de las partes toma sentido a través de las palabras y acciones del otro. En cada momento, sus potenciales entran en juego y se contraponen. A medida que el proceso avanza, surgen acuerdos sutiles y tácitos sobre lo que es razonable y valioso; cada uno de los participantes adquiere una identidad particular. Empieza a construirse un universo pequeño pero fugaz.

Podríamos imaginar a cada ser múltiple como portador de un ala de potenciales, como si fuera una mariposa. Pero solo juntos pueden emprender el vuelo. Al mismo tiempo, no vuelan libremente. Primero están los límites de sus potenciales. Es complicado mantener una conversación, por ejemplo, si no se comparte el idioma, así como difícilmente se puede alzar una voz crítica si solo se sabe ser obediente. También limitan lo que podríamos llamar hábitos. Se trata de potenciales que se utilizan con tanta frecuencia que las alternativas se dejan de lado o parecen extrañas. La mayoría de la gente aprende, por ejemplo, a desenvolverse en uno de los dos géneros tradicionales, y se rebelaría si se le exigiera cambiar de género, aunque sepa muy bien cómo «ser el otro». En este contexto, también podemos entender por qué muchos sienten que existe un yo verdadero o central. Cuando se suele ejercitar un potencial, este se convierte en «quien soy en realidad».

Sin embargo, no debemos dejar que esta focalización en los límites nuble la riqueza de los recursos, el aprendizaje continuo o las variaciones situacionales. Al movernos por la llanura de la vida cotidiana, también nos movemos entre relaciones. Nos encontramos con amigos, hijos, parejas sentimentales, compañeros, etc., y en cada caso se incorporan diferentes potenciales en la danza relacional. Como escribió en una ocasión el famoso psicólogo William James: «Hay tantos yoes sociales como grupos o personas cuya opinión nos importa».[1] Aunque hay mucho que decir sobre estos temas, centrémonos en dos cuestiones concretas que se derivan de estas perspectivas.

La comprensión como coordinación relacional

Durante siglos, los estudiosos occidentales se han preguntado acerca de la manera en la que comprendemos la mente de los demás. ¿Cómo sabemos lo que piensan o sienten los demás? ¿Cómo podemos averiguar sus motivaciones e intenciones? Sin duda, en la vida cotidiana asumimos que la gente puede contarnos sus pensamientos y sentimientos, y que su comportamiento revelará sus motivaciones. Pero ahora surge la pregunta incómoda: ¿cómo podemos saber a ciencia cierta lo que esas palabras y acciones expresan? Cuando dos personas se declaran amor mutuo, por ejemplo, ¿cómo saben si están sintiendo lo mismo? No tienen acceso al mundo interior del otro; tal vez se refieran a cosas totalmente distintas: ¿atracción leve, deseo físico, conexión espiritual o...? Y si uno tratara de aclararlo: «Oh, significa que te adoro», ¿qué reflejan esas palabras dentro de

---

[1] James, W. (1989). *Principios de Psicología*. Ciudad de México: Fondo de Cultura Económica.

su cabeza? ¿Una excitante emoción, deseo físico…? Durante siglos, la comunidad académica ha buscado respuestas a este rompecabezas, pero no existe una solución satisfactoria para identificar lo que ocurre dentro de la mente de otra persona a partir de las expresiones externas. De hecho, ¿cómo podemos estar seguros de que *hay* mentes dentro de las cabezas de las personas? O, en palabras de la académica feminista Judith Butler, ¿por qué deberíamos suponer que hay un «hacedor detrás del hecho»?[2]

Desde esta perspectiva, el problema tradicional de la comprensión está mal enfocado. Se plantea desde la premisa de la separación: individuos independientes cuyas actividades surgen de algún lugar detrás de sus globos oculares. Por el contrario, aquí partimos del proceso relacional y del potencial de coordinación de las personas. Como diría el teórico social John Shotter: «En lugar de preguntarnos qué hay dentro de la cabeza de alguien, preguntémonos en qué relaciones se encuentra metida esa cabeza».[3] Así podemos responder a la cuestión de la comprensión en términos de coordinación satisfactoria.

Consideremos algunos casos en los que alguien parece no comprender: ves a un hombre fumando en una zona prohibida, le pides a una compañera de cena «por favor, pásame la sal» y ella te pasa un plato de salmón o haces un cumplido a un amigo y él te acusa de manipulación. En ninguno de estos casos puedes entrar en la mente del otro. Todo lo que tienes es la acción pública. La conclusión de que estos casos son malentendidos se basa en el hecho de que las acciones no encajan en un patrón de coordinación previsto o

---

[2] Butler, J. (2017). *El género en disputa: el feminismo y la subversión de la identidad.* Barcelona: Paidós Ibérica.
[3] Shotter, J. (2008). *Conversational Realities Revisited.* Chagrin Falls, Estados Unidos: Taos Institute Publications.

aceptable. *Cuando las personas se entienden entre sí, no están leyendo mentes, sino participando en patrones compatibles de relación.* Si crees que un libro complejo de filosofía desafía tu comprensión, no es porque no puedas entender lo que hay en la cabeza del filósofo. Se trata de no tener clara cuál es la forma adecuada de responder. Es como si te piden que te unas a un baile del que nunca has oído hablar. Comprender a personas de otras culturas es similar a encontrar una manera de bailar juntos que sea aceptable para ambos.

Confort y contención: dramas de la vida cotidiana

Esta visión de la comprensión como coordinación compatible plantea una segunda cuestión importante: ¿por qué son tan frecuentes los malentendidos, las decepciones, las frustraciones y demás dramas de la vida cotidiana? Después de todo, observamos una fuerte tendencia entre la gente a encontrar patrones de relación cómodos para todas las partes. Las personas se conocen y enseguida buscan temas sobre los que puedan hablar de manera amistosa. Sus movimientos y expresiones faciales indican comprensión mutua. De esta coordinación pueden surgir amistades, parejas, matrimonios, etc. Con el tiempo, los participantes empiezan a contar con estas formas fiables de relacionarse. En los vínculos más estrechos, una pareja puede mantener pautas de comer, dormir y conversar durante décadas. Aquí también encontramos el origen de la confianza, la seguridad y la tranquilidad: la sensación de conocer de verdad al otro. Para muchos, estas cuestiones son un tesoro.

Pero aquí reside la ironía: a medida que nos coordinamos hacia la comodidad, simultáneamente ponemos en marcha los potenciales para interrumpirla. A medida que avanzamos a lo largo del día —en círculos de amistad y familiares, en el trabajo, en lugares de culto, en la asociación—, estas mismas tendencias hacia la coordinación armoniosa también estarán en movimiento. En cada contexto, los participantes coordinarán sus acciones según sea necesario. Adquirirán identidades particulares: como madre, padre, profesor, estudiante, amigo, amante, colega, jefe, activista político, artista, etc. Y en cada contexto se irá construyendo un pequeño universo, con sus realidades, racionalidades y valores particulares. Además, dentro de estos encuentros, los participantes pueden tener poco acceso a toda la gama de universos en los que se encuentran inmersos los demás. La realidad dominante es el aquí y el ahora, y la gama completa de otros yoes, su relevancia, extrañeza o aceptabilidad, pueden quedar ensombrecidos.

Planteado en estos términos, es fácil ver cómo emergen muchos de los dramas que desestabilizan de la vida cotidiana. Conseguir la armonía en el trabajo puede interferir con el acuerdo de la vida familiar, lo que puede alterar los lazos de confianza de la amistad, y en última instancia, puede poner en duda el compromiso de alguien con un equipo, asociación o grupo político. Cuestiones como la confianza, la lealtad, los celos, la identidad y la seguridad se esconden entre las sombras de nuestras relaciones cotidianas. Incluso el mero giro de una frase puede bastar para darles vida. En pocas palabras, *el bienestar de cualquier relación depende, en última instancia, de su coordinación con otras relaciones*. Si ya resulta difícil lograr la concordia en una determinada relación, estamos mucho menos preparados para los bailes que son esenciales para una vida armoniosa en los múltiples y siempre crecientes mundos de las relaciones.

Creando mundos juntos

Como vemos, la búsqueda común de una acción coordinada no conduce necesariamente a la armonía. Cocreamos vidas buenas y significativas del mismo modo que cocreamos la explotación, la injusticia y la agresión. Una amistad, una relación de pareja y una relación familiar afectuosa son logros relacionales, pero también lo son los robos y los asesinatos. No somos agentes solitarios en el mundo, eligiendo nuestros caminos según los vemos; juntos hacemos nuestros caminos a medida que avanzamos. Centrémonos, pues, en algunos de los microprocesos a través de los cuales creamos conjuntamente estos mundos. Al hacerlo, abrimos posibilidades de crear caminos nuevos y más prometedores.

Patrones relacionales: escenarios

En el proceso continuo de creación conjunta de mundos, solemos recurrir a los recursos que nos han proporcionado las relaciones anteriores. Así, mientras escribo estas líneas, me estoy inspirando en tradiciones del pasado. Las palabras, la gramática, las estructuras de los párrafos… todas ellas son variaciones de lo que mi historia relacional me ha brindado. Si no fuera así, tú, al leer, tendrías dificultades para entenderme. Las fuentes de nuestro sentido común se generaron mucho antes de que naciéramos; ahora son tan comunes que pasan inadvertidas. Esto también significa que llevamos una enorme reserva de conocimientos en términos de relación momento a momento. Piensa en un amigo que te agradece tu ayuda. Tú no te quedas mudo preguntándote qué decir ahora. Más bien, sueles responder sin dudarlo: «de nada», o «no hay de qué». En términos más generales, por tanto, participamos en tradiciones comunes de relación. Vamos a definir esos patrones como *escenarios relacionales*.

Muchos escenarios son muy breves. Por ejemplo:

A: Hace una pregunta
B: Responde a la pregunta

A: Hace una propuesta
B: Plantea argumentos en contra de la propuesta

A: Pide ayuda
B: Proporciona ayuda

A: Cuenta un chiste
B: Se ríe

Podemos apreciar el poder de estos sencillos escenarios si imaginamos cómo sería la vida si se incumplieran. En cualquiera de estos casos, ¿qué pasaría si la persona B respondiera sollozando en voz alta, saltando a la pata coja o hablando del tiempo en Laponia? La vida cotidiana transcurre con fluidez principalmente porque repetimos los escenarios familiares.[4]

Otros escenarios son mucho más largos. Por ejemplo, en muchas sociedades los juicios están muy pautados y pueden durar meses. Al igual que en el teatro, los miembros de la familia entienden los papeles que interpretan y saben cuándo son apropiadas determinadas acciones. Los ciclos de revancha pueden prolongarse durante siglos, por ejemplo, cuando una familia o un grupo se venga de lo que considera una injusticia, solo para descubrir que el objetivo ahora se siente legitimado para tomar represalias, con lo que vuelve a surgir un motivo para la venganza.

A diario nos movemos en un amplio flujo de acción relacional, y a través de ese proceso de coordinación nuestras vidas toman forma. En este sentido, resulta útil centrarse en cuatro patrones generales de coordinación y en su relevancia para el propio devenir.

---

[4] Garfinkel, H. (2006). *Estudios de etnometodología.* Barcelona: Anthropos.

Escenarios de mantenimiento

A pesar de no ser nada extraordinario, la mayoría de los intercambios cotidianos nos permiten seguir adelante con nuestras vidas de forma satisfactoria y predecible. Saludos sencillos –como «hola, ¿cómo estás hoy?», seguido de «bien, ¿y tú?»– son escenarios que nos sostienen, al igual que los «adiós» al final del día, prestar atención mientras otro habla y otros sencillos intercambios de cortesía. Algo parecido ocurre con lo que llamamos «charlas triviales». Este tipo de conversaciones tienen poco valor instrumental; las bromas ligeras y agradables ya son suficientes en sí mismas. Pero no deberíamos subestimar la importancia de esas conversaciones. El intercambio puede parecer superficial, un simple preámbulo para los «asuntos importantes». Pero, en muchos sentidos, estos sencillos rituales son el pegamento que mantiene unida la convivencia cotidiana.

Escenarios generativos

Después de ver trabajo de fondo de los escenarios de mantenimiento, consideremos aquellas conversaciones que parecen «llevar a alguna parte». Surge una chispa, una emoción, un deleite o, posiblemente, una sensación de crecimiento, renovación o inspiración. Los escenarios generativos son aquellos en los que la trayectoria avanza en una dirección positiva para los participantes. Estos intercambios pueden ser breves, intermitentes o prolongados, pero es aquí donde ascendemos de lo ordinario hacia lo extraordinario. ¿Cómo surgen estos episodios significativos, alegres o enriquecedores? Algunos dirán que es la famosa «química» o simplemente cuestión de suerte. Y, a decir verdad, no hay una respuesta sencilla a esta pregunta. Tanto la historia como la cultura y las condiciones locales pueden tener algo que ver. Sin embargo, desde un punto de vista relacional, se obtiene una visión más clara si se tienen en cuenta las acciones que componen el escenario. Por ejemplo, si nos preguntan por algunas de las acciones que caracterizan este tipo de intercambios, podríamos mencionar actos de acuerdo, apoyo, gratitud, compartición y afecto. Ahora bien, no se trata de acciones aisladas; por ejemplo, fuera de cualquier contexto conversacional, la expresión emocionada «¡Oh, muchas gracias!» carece de sentido. Por tanto, la atención se desplaza a los patrones de coordinación en los que dichas acciones tendrían sentido. Consideremos los siguientes intercambios:

A: Expresa una opinión
B: Está de acuerdo con la opinión

A: Muestra una debilidad
B: Expresa simpatía

A: Hace un regalo
B: Expresa gratitud

A: Expresa interés por una actividad
B: Comparte entusiasmo por la actividad

A: Expresa afecto por B
B: Expresa afecto por A

En estos breves escenarios, encontramos el potencial para un movimiento positivo o generativo en la relación. Incluso se podría construir un vocabulario de acciones coordinadas para el crecimiento positivo en las relaciones: en las relaciones personales, en aulas, oficinas, hospitales o en las relaciones entre la policía y la ciudadanía. Sin duda, hay diferencias significativas entre las personas en sus historias de relación y los potenciales que aportan a una situación determinada. En este sentido, la coordinación generativa es fundamentalmente un arte. Pero, si el flujo va en la dirección positiva, hay dos factores que dan apoyo a la trayectoria:

Autorrefuerzo. Una de las ideas más interesantes que han desarrollado los teóricos de la comunicación es la forma en que los escenarios pueden reforzarse a sí mismos. Es decir, un intercambio positivo de acciones invita a la continuación del mismo patrón. Supongamos, por ejemplo, que la expresión de afecto de A va seguida de una expresión recíproca de aprecio por parte de B. En ese caso, A puede animarse a expresar afecto en ocasiones posteriores, con la probable correspondencia de B. El patrón se repite. Para muchos terapeutas familiares, estas situaciones circulares son la clave de unas relaciones familiares sanas. Dentro de un grupo u organización, esta circularidad también contribuye a elevar la moral y la solidaridad.

Difusión. La tendencia circular de muchos escenarios relacionales es importante para construir y mantener amistades, vínculos familiares y culturas organizativas prósperas. Ahora bien, también debemos reconocer la forma en que los escenarios generativos se construyen unos sobre otros. Un intercambio positivo abre el camino a más intercambios. En los casos anteriores, por ejemplo, si B expresa su aprecio por la opinión de A, A puede aumentar su confianza en B. Este sentimiento de confianza puede abrir el camino para que A revele una debilidad. Y si entonces B se muestra comprensivo, A quizá pueda ofrecerle un pequeño regalo a B. En efecto, los escenarios positivos favorecen otros escenarios positivos, de modo que se produce una difusión de la generatividad. De este modo, preparamos el terreno para pasar de lo ordinario a lo extraordinario, a periodos de entusiasmo, placer y descubrimiento.

Escenarios degenerativos

En contraste habitual con estas tendencias positivas de las relaciones, encontramos los patrones de deterioro. Las discusiones acaloradas, la ira, los celos, la culpa, el acoso, los prejuicios y la explotación —en el hogar, la escuela y el lugar de trabajo— ensombrecen el paisaje de la vida cultural. Más globalmente, co-creamos guerra, terrorismo y ciclos interminables de agresiones y represalias. Los escenarios degenerativos son secuencias relacionales que llevan a sus participantes de la enemistad silenciosa a la aniquilación mutua. Cada turno en un diálogo puede desencadenar un movimiento en esa dirección. Para ilustrarlo, volvamos a las secuencias generativas que acabamos de comentar y consideremos la forma en que la respuesta de B abre el camino al deterioro relacional:

A: Expresa una opinión
B: Ataca la opinión

A: Muestra una debilidad
B: Ridiculiza la debilidad

A: Hace un regalo
B: Critica el regalo

A: Expresa interés por una actividad
B: Desprecia la actividad

A: Expresa afecto por B
B: Expresa indiferencia

En este sentido, resulta útil considerar cada turno de una conversación como un *punto de pivotación*. Es decir, en el momento en que tomamos la palabra en una conversación, nos encontramos en un punto en el que nuestro siguiente enunciado puede cambiar la dirección de la relación en un sentido positivo o negativo. Y también podemos encontrarnos con repeticiones irritantes si la dirección es negativa. Atacar las opiniones de los demás, por ejemplo, se ha convertido en un pasatiempo cultural. También podemos encontrar una propagación difusa de escenarios degenerativos a lo largo de una relación. Las discusiones amargas pueden propiciar posteriores expresiones de ridículo, desprecio e indiferencia.

El terapeuta familiar Karl Tomm advierte del carácter circular de muchos escenarios degenerativos.[5] En su opinión, estas prácticas continuas de relación son formas de patología familiar. Consideremos, por ejemplo, varios escenarios patologizantes que se dan con frecuencia en las relaciones entre padres e hijos adolescentes:

PADRE		ADOLESCENTE
Criticar	←——→	Defenderse
Juzgar	←——→	Protestar
Preguntar	←——→	Evitar responder

Para subrayar la circularidad que se refuerza a sí misma, cuando una madre critica a su hija, la adolescente puede defender

---

[5] Tomm, K. (2014). *Patterns in interpersonal interactions: Inviting relational understandings for therapeutic change.* Nueva York: Routledge.

lo que está haciendo, lo que invita a su madre a intensificar la crítica, lo que a su vez invita a la adolescente a intensificar su defensa. Muchos de estos escenarios circulares son tan comunes que participamos «naturalmente» en ellos. Los especialistas en comunicación señalan que podemos continuar con estos dolorosos patrones incluso cuando somos conscientes de ellos.[6] Los repetimos, no solo porque nos resultan familiares, sino porque no sabemos hacer otra cosa.

Escenarios regenerativos

El camino hacia la degeneración siempre está a la vuelta de la esquina. Mientras atribuyamos un valor a algo, siempre habrá lo devaluado, lo menos bueno, lo indeseado. Y, a medida que se amplíen los criterios de lo bueno, también lo harán las invitaciones a regañar, criticar o atacar. Al mismo tiempo, sin embargo, como los escenarios degenerativos son tan frecuentes, el ser humano también ha creado escenarios para volver a la normalidad, «arreglar las cosas», hacer las paces y acciones por el estilo. Estos escenarios regenerativos tienen una importancia crucial en la actualidad. Ahora que los pueblos del mundo se enfrentan entre sí como nunca, las potenciales situaciones de alienación y hostilidad son omnipresentes. Es relativamente fácil evitar, desconfiar o menospreciar a los «diferentes». La degeneración se produce sin esfuerzo; la restauración es un reto cada vez mayor.

Para explorar la dinámica de la restauración, consideremos un deslizamiento habitual hacia la hostilidad, el escenario de la

---

[6] Cronen, V. E., Pearce, W. B. y Snavely, L. M. (1980). A theory of role-structure and types of episodes and study of perceived enmeshment in undesired repetitive patterns («URPSs»). *Communication Yearbook, 3*, 225-240.

culpa mutua. La persona A acusa a B de irresponsabilidad, de un fallo, de ser la causa de la derrota o de algún acontecimiento desafortunado. En respuesta, B contesta y culpa a A del resultado. «No fue culpa mía lo que pasó, fue tuya...». En este punto, lo más frecuente es que A niegue la acusación y se reafirme en los fallos de B. Y, en respuesta, B responde negando y explicando la evidente irresponsabilidad de A. ¿Hasta cuándo puede continuar el intercambio de culpas? Esta es, en efecto, la cuestión: ¿cómo pueden restaurar su relación estos participantes que avanzan hacia la hostilidad mutua?

Aquí nos centramos de nuevo en los puntos de pivotación. En cualquier momento del escenario, la siguiente frase puede interrumpir la espiral descendente y cambiar la trayectoria. En efecto, uno puede responder a una acusación de culpa de un modo que invite a restaurar la relación. Por supuesto, una vez atrapados en el conocido «juego de la culpa», estas posibilidades pueden parecer remotas. En el fragor de la batalla, ¿a quién se le ocurre besar al enemigo? Sin embargo, en el arte de relacionarse, una conciencia latente de las múltiples posibilidades es un recurso precioso. Consideremos entonces algunas opciones potencialmente prometedoras para responder a las acusaciones de otro:

- Disculparse
- Admitir la responsabilidad parcial
- Explicar que ninguna de las partes tiene toda la culpa
- Bromear sobre la forma en que se están culpando mutuamente
- Silencio

Quizá a ti, mientras lees, se te ocurren más posibilidades. Con una pequeña lluvia de ideas, se pueden crear nuevos caminos hacia la restauración. Por ejemplo, un terapeuta familiar podría preguntar: «¿No podemos hablar de esto de una manera mejor?». Lo importante es que la culpa mutua no es un escenario fijo; más que jugar según las reglas, debemos jugar *con* las reglas.[7]

Andamiajes de sufrimiento y apoyo

Al mismo tiempo que somos libres de cambiar la dirección de un escenario determinado y de coconstruir nuevas formas de seguir adelante, existen condiciones que nos invitan o fomentan una forma en contraposición a otra. Estas condiciones no determinan nuestras formas de relacionarnos, pero proporcionan andamiajes de apoyo. Por poner un caso obvio, en los tribunales de justicia hemos erigido un andamiaje que invita a la discusión contenciosa. Es decir, hemos establecido una tradición judicial en la que fiscales y abogados defensores se enfrentan. En el proceso de relación, se les invita a un desacuerdo continuo e incesante. Del mismo modo, para ayudar a los votantes a decidir sobre los candidatos, se suelen organizar debates entre ellos. En el proceso de debate es «normal» que los contendientes se justifiquen o glorifiquen a sí mismos y critiquen al «oponente». Pero aquí debemos advertir que, en ambos casos, hemos propiciado un proceso degenerativo de relación. Al margen de las dudas personales de los abogados, o de las amplias áreas de acuerdo entre los políticos, hemos andamiado un proceso relacional en el que se convertirán en antagonistas. Y aquí debemos preguntarnos, ¿realmente se imparte justicia en los tribunales mediante esas batallas inacabables?

---

[7] Carse, J. P. (1988). *Juegos finitos y juegos infinitos.* Málaga: Sirio.

Y en la arena política, ¿se sirve al interés común de un país andamiando el antagonismo?

Estas preguntas sientan las bases de una de las principales preocupaciones de este libro. ¿Qué tipo de procesos relacionales favorecen nuestras instituciones? ¿De qué manera las escuelas, empresas, hospitales, instituciones religiosas, fuerzas policiales y gobiernos favorecen o limitan nuestras formas de relacionarnos? ¿Qué tipo de relaciones desencadenamos cuando fomentamos la competencia por la riqueza, cuando otorgamos poder a unas personas sobre otras o cuando las políticas nacionales vienen determinadas por la oposición a los partidos políticos rivales? ¿De qué manera nos sirven? ¿Qué promesas ofrecen para el futuro estas formas de relacionarnos? ¿Qué alternativas podemos crear juntos?

Hacia una ética relacional

Estas preguntas difícilmente se pueden responder desde un punto de vista neutral. Al preguntarnos por nuestros deseos para el futuro, nos preguntamos por aquello que nos importa: ¿cómo es una buena manera de vivir? Es fácil responder a estas cuestiones en abstracto. ¿Acaso no queremos todos vivir en paz, felicidad y prosperidad? Pero en la vida cotidiana esta cuestión no resulta nada sencilla. En todos los rincones del mundo nos dedicamos a cocrear formas de vida satisfactorias. Las variaciones entre perspectivas son colosales y, por ello, suelen aparecer conflictos continuos y a veces acérrimos. Como reconocemos estas diferencias, los seres humanos hemos intentado durante mucho tiempo crear normas éticas o códigos morales para vivir. Si tuviéramos un único código ético, podríamos hacer juicios fundados a la hora de comparar modos de vida. Podríamos decir que es mejor para la gente vivir de esta manera que de aquella otra.

Sin embargo, a pesar de siglos de búsqueda de la certeza ética
–ya sea en forma de filosofía, credo religioso o doctrina política–,
la cuestión sigue abierta, el desacuerdo continúa y el conflicto
abunda. Peor aún, tales certezas sobre «el bien» han funcionado a
menudo para reprimir –o erradicar– a quienes discrepan. ¿Cómo
debemos proceder entonces?

Como muchos proponen, debemos respetar estas variaciones. La gente crea múltiples formas de vida, y estas formas de
vida tienen valor para ellos, cada una dentro de su propia historia, cultura y contexto. «Deberíamos honrar estas múltiples
tradiciones», argumentamos, y «evitar proclamar una forma de
vida como ética o moralmente superior a otra». Aunque esto
suene razonable, a quienes buscan certezas les repugna. «¿Estás
diciendo que una tradición es tan buena como otra?», preguntan. «Si aceptamos ese tipo de relativismo, tendríamos que aceptar la esclavitud, los genocidios, el Holocausto y el lanzamiento
de bombas atómicas sobre personas inocentes. Al fin y al cabo,
¿no son solo formas que tiene la gente de expresar sus valores?».
Como vemos, ni la ética absolutista ni el relativismo ético ofrecen un camino satisfactorio.

Consideremos una tercera posibilidad. En el capítulo anterior
rastreamos los orígenes de nuestras tradiciones hasta el proceso
relacional, y esto incluía sus valores y moralidades más preciados.
Así pues, aunque las tradiciones de valores varían muchísimo, lo
único que comparten es el proceso relacional que les dio lugar.
Del mismo modo, si el proceso relacional terminara, también lo
haría su valioso modo de vida. Es aquí donde podemos situar la
posibilidad de una ética universal que acomode las infinitas variaciones. Independientemente de las distintas formas de vida a las
que estemos vinculados, la primacía ética recae en el bienestar del
proceso relacional. Así, cuando las tradiciones del bien entran en
conflicto, la cuestión no es entrar a discutir cuál es la mejor, o si

una es perversa mientras que la otra es buena. El propio proceso argumentativo separará a los contendientes. La respuesta reside más bien en encontrar o crear un proceso relacional que nos permita seguir juntos. La ética universal no es entonces una abstracción remota, sino que la vivimos en nuestras prácticas de relación.

En los capítulos restantes debemos preguntarnos si los procesos relacionales arraigados en las principales instituciones son suficientes para que puedan seguir sobreviviendo. ¿Estos procesos contribuyen al bienestar de los participantes o al bienestar global en general? Sin embargo, por encima de todo esto, está la cuestión de si el propio proceso de relación es, en sí mismo, enriquecedor.

Otros recursos

Bavelas, J., Gerwing, J. y Healing, S. (2017). Doing mutual understanding. Calibrating with micro-sequences in face-to-face dialogue. *Journal of Pragmatics, 121,* 91-112.

Gergen, K. J. (2019). Toward a relational ethic. En H. Alma y I. Avest (Eds.), *Moral and spiritual leadership in an age of plural moralities.* Londres: Routledge.

Hermans, H. J. M. (2018). *Society in the self: A theory of identity in democracy.* Nueva York: Oxford University Press.

Romaioli, D. (2013). *La terapia multi-being. Una prospettiva relazionale in psicoterapia.* Chagrin Falls, Estados Unidos: Taos Institute Worldshare Books.

Schegloff, E. A. (2007). *Sequence organization in interaction: A primer in conversation analysis.* Cambridge: Cambridge University Press.

Shotter, J. (2008). *Conversational Realities Revisited.* Chagrin Falls, Estados Unidos: Taos Institute Publications.

Stewart, J. (2013). *U&ME: Communicating in moments that matter.* Chagrin Falls, Estados Unidos: Taos Institute Publications.

Tomm, K., St. George, S., Wulff, D. y Strong, T. (2014). *Patterns in interpersonal interactions: Inviting relational understandings for therapeutic change*. Nueva York: Routledge.

Wasserman, I. C. y Fisher-Yoshida, B. (2017). *Communicating possibilities: A brief introduction to the coordinated management of meaning (CMM)*. Chagrin Falls, Estados Unidos: Taos Institute Publications.

Capítulo 3
La educación como proceso relacional

*Ningún aprendizaje significativo se produce
sin una relación significativa.*

JAMES P. COMER

En un mundo de cambios, oportunidades y alteraciones cada vez más rápidos, ¿cómo debemos afrontar la complejidad, el conflicto y los retos de vivir en un contexto de múltiples valores y visiones? ¿Qué nos impide avanzar hacia un mundo en el que individuos, organizaciones y naciones piensen según la lógica del *yo primero*? Estas preguntas son cruciales para el futuro de la educación. Nuestras escuelas pueden ser la fuente más importante de preparación para avanzar juntos. ¿Están a la altura del reto? Consideremos la siguiente situación:

Tienes 14 años y estás sentado en tu pupitre de clase. La profesora está repartiendo el examen final de la asignatura de matemáticas. Su silla está colocada de cara a la clase para evitar que nadie copie. Sabes que no estás del todo preparado, en parte porque no has tenido tiempo de estudiar y en parte porque la asignatura y la profesora son aburridas. Pero tienes que sacar una buena nota. Si suspendes, tus padres te castigarán y tus amigos pensarán que eres estúpido. Y, por si fuera poco, esta semana tocan dos exámenes más. Es como estar en la cárcel.

Se trata de un panorama desolador, pero para demasiada gente es la vida escolar normal. El día está en gran parte planificado, la materia tiene poco interés y tu trabajo consiste en absorber información por la que serás juzgado por la profesora, tus padres y tus compañeros. Estás cansado, frustrado y preocupado por tu rendimiento.

¿Cómo hemos llegado a este modo de vida? En la cultura occidental, este modelo de educación se remonta a la Revolución Industrial de principios del siglo xx, y con frecuencia se relaciona con la imagen de las escuelas como fábricas. Al igual que las fábricas, las escuelas reciben materias primas y les dan la forma deseada. Luego, los productos son consumidos por diversas empresas. Como en una buena fábrica, los profesores trabajan en la cadena de montaje, con el director como «jefe». Las pruebas y los exámenes se utilizan como control de calidad, y el éxito de la fábrica se evalúa mediante un análisis de costes y beneficios. «¿Cómo pueden las escuelas funcionar con la máxima eficiencia, con producción elevada y bajos costes?».

El descontento con esta forma de escolarización es mayúsculo. No se trata solo del aburrimiento, el estrés y la alienación de los alumnos, junto con el aumento vertiginoso de las cifras de los que reciben tratamiento por trastornos mentales o abandonan por completo el sistema. También está la cuestión de si aprenden algo relevante para las circunstancias complejas, rápidamente cambiantes e impredecibles a las que nos enfrentamos ahora. ¿Dónde desarrollan su potencial creativo, el amor por el aprendizaje y la capacidad de relacionarse bien con los demás en un mundo multicultural? Con todo, aunque la orientación industrial de la educación no es muy apreciada, el modelo sigue siendo dominante. Aún no ha sido cuestionado por una alternativa convincente.

Así pues, en este capítulo exploramos una visión de la educación como proceso de relación. Porque la relación está en el centro de la educación. Nos entusiasmamos con un tema en gran medida a través de nuestras relaciones; por lo tanto, que aprendamos o no depende en esencia de nuestra relación con el profesor, los compañeros y la familia; lo que cuenta como un buen razonamiento o una acción inteligente depende de quién juzgue. Y, si alguien suspende un examen, ¿por qué culpamos al alumno? ¿Por qué no al profesor, al plan de estudios, a los padres o al miedo al fracaso que provoca la situación del examen? Uno no triunfa o fracasa solo. También existe una red más amplia de relaciones en la que tiene lugar la escolarización: de manera más inmediata, con la familia, los amigos y la comunidad, pero también con la sociedad en general y, más adelante, con la comunidad global. Y, además, lo que ocurre dentro de estas relaciones no puede desconectarse del entorno: los edificios escolares, las aulas, las instalaciones, la calidad del aire, los alimentos disponibles y un largo etcétera.

En las siguientes páginas nos centramos principalmente en las relaciones humanas y consideramos la posibilidad de sustituir el modelo industrial de educación por una orientación centrada en las relaciones. ¿Cómo sería la educación? ¿Qué resultados podría tener? Hay mucho que decir sobre este tema, y ya se han abierto diálogos relevantes en todo el mundo. Las prácticas inspiradoras señalan ahora el camino hacia el futuro.

El objetivo relacional de la educación

La finalidad de la educación pública se ha debatido durante largo tiempo, pero muchos estarían de acuerdo con la visión general de John Dewey: la educación debe preparar a las nuevas generaciones para participar en la sociedad.[1] Desde un punto de vista relacional, podemos interpretar esto como *hacer posible la participación en el flujo positivo de la acción coordinada.* Esto implica que la educación no se centre ni en el desarrollo del individuo ni en la mejora de la sociedad, sino en los procesos relacionales para sostener y crear formas de vida florecientes. No se trata de descuidar al individuo ni el aprendizaje de materias específicas, sino de enmarcarlos en el contexto de los retos vitales a los que se enfrenta cada vez más el mundo. Se necesitan capacidades para moverse con eficacia en condiciones de cambio rápido y ambiguo, para innovar, unir tradiciones, reparar conflictos y cocrear nuevas formas de vida.

En este sentido, nuestra orientación tradicional de la educación es muy preocupante. Las formas de relacionarse que fomenta la visión industrial de las escuelas dificultan estos mismos objetivos. El proceso se fundamenta en la presuposición de que las personas son unidades delimitadas o separadas, y a cada una de ellas se le asigna una función determinada y se la evalúa por ello. Lo más evidente es que a cada alumno se le valora por su rendimiento escolar. Sin embargo, los profesores también son considerados individualmente responsables en función de su eficacia, como también lo son los administradores escolares, las propias escuelas y los sistemas nacionales de educación en su conjunto.

---

[1] Dewey, J. (1897). My pedagogic creed. *School Journal, 54.* 77–80.

En cada nivel también hay competencia, lo que empuja a estudiantes, profesores y escuelas al antagonismo. Esto también crea una tensión entre los estudiantes que tienen un alto rendimiento y los que tienen un bajo rendimiento, y cada uno ve al otro como defectuoso (como simplón por un lado y arrogante por el otro). La educación tradicional hace menos por enriquecer los potenciales relacionales que por destruirlos.

Aprendizaje enriquecido relacionalmente

Teniendo en cuenta estos objetivos de la educación, ¿cómo debemos actuar? ¿Qué significaría esto para el proceso de aprendizaje? ¿A qué tipo de prácticas pedagógicas o didácticas se invitaría? ¿Qué pasaría con los planes de estudio, los libros de texto, la planificación de lecciones y similares? ¿Habría nuevas funciones para el profesor y nuevas formas de pensar sobre los alumnos, sus familias y comunidades? Esto no es una invitación a la fantasía. De hecho, las preocupaciones aquí planteadas son compartidas por educadores creativos de todo el mundo. Las innovaciones están en marcha en todas partes, y muchas de ellas son coherentes con la perspectiva relacional aquí esbozada.

Para vislumbrar las posibilidades, partamos del trabajo de un sistema escolar de gran éxito de Noruega. De sus prácticas podemos extraer varios elementos significativos con implicaciones para un aprendizaje relacionalmente enriquecido. Las escuelas de Youth Invest, en Noruega, se enfrentan a uno de los retos más difíciles de la educación actual: el abandono escolar. Para un gran número de adolescentes de muchos países, la escuela se ha convertido en algo intolerable. Por eso dejan de asistir. Sin embargo, al abandonar la escuela también comprometen su futuro, junto con el bienestar de la propia nación. El sistema Youth Invest ha tenido un éxito extraordinario a la hora de restablecer el interés educativo de los jóvenes que abandonan los estudios.[2] Estos no solo vuelven a la escuela, sino que participan con entusiasmo en el proceso educativo. El programa se ha convertido en un modelo para las escuelas de todo el país. A medida que la escuela atrae la atención internacional, muchos educadores ven las implicaciones del programa Youth Invest para la educación en términos más generales. ¿Por qué solo el abandono escolar? En términos de proceso relacional, el éxito del programa puede entenderse en función de tres características principales.

De los productos a la colaboración

La metáfora de la educación como fábrica implica que los alumnos son en esencia materia prima que el sistema educativo debe moldear. Así pues, la relación del profesorado con los alumnos se define en términos causales: *nosotros* te damos forma a *ti*. La relación es fundamentalmente alienante, y la intimidación constituye el principal método para motivar a los estudiantes: ¡rendir o fracasar! Para garantizar la calidad del «producto», los profesores y los padres se convierten en instrumentos de vigilancia y control. En contraste, consideremos algunas de las prácticas cultivadas por el programa Youth Invest. Una vez abandonada la definición de los estudiantes como objetos que hay que moldear, el énfasis principal se pone en generar un entorno de colaboración. La colaboración no solo deben incluir las relaciones entre profesores y alumnos, sino también entre los alumnos

---

[2] Maeland, I. (2020). Creating new futures through collaboration: Dropouts no more. En S. McNamee et al. (Eds). *The Sage handbook of social constructionist practice.* Londres: Sage.

y con la comunidad escolar en su conjunto. Veamos algunas prácticas relevantes:

- La distinción común entre estudiantes y profesores sugiere una distancia entre dos grupos, así como una separación de roles. En el programa Youth Invest a los estudiantes se les llama *jóvenes compañeros de aprendizaje.* Se pone de relieve que tanto estudiantes como profesores aprenden los unos de los otros.
- Construir una colaboración implica eliminar la orientación enjuiciadora que ha paralizado a muchos estudiantes y ofrecerles interés y cuidados por su bienestar. Cuando los estudiantes tienen problemas que desean discutir, se pone el énfasis en sus capacidades y potencialidades en lugar de en sus defectos y limitaciones.
- Cuando los alumnos exponen informes o realizan presentaciones ante la clase, sus compañeros reciben *tarjetas de fortaleza*, cada una con una cualidad positiva o admirable. Tras la presentación, los compañeros tienen la oportunidad de entregar al presentador una o varias de estas tarjetas. El presentador puede saber, por ejemplo, que tiene valor, que ofrece esperanza o que es creativo.
- A lo largo del año se programan reuniones sobre las políticas escolares, en las que se incluye sistemáticamente a los alumnos en los debates.
- Los estudiantes suelen asistir a conferencias junto con sus profesores y el personal, e incluso participan en las presentaciones ante el público.

Otras escuelas orientadas hacia el futuro están avanzando hacia relaciones de asociación. De hecho, muchas están explorando *enfoques educativos basados en las fortalezas.* Como muchos advierten, centrarse en los fallos de los alumnos –respuestas erróneas, poca atención, comportamiento irresponsable– no solo les desanima personalmente, sino que les distancia de sus profesores. En cambio, cuando se presta atención a sus competencias, el interés por aprender y las relaciones con los profesores florecen. Estrechamente relacionadas con estas lógicas, existen las prácticas *apreciativas* de cambio social, muchas de las cuales se han utilizado para la transformación escolar en todo el mundo.[3] Hablaremos más de la *Indagación Apreciativa* en el capítulo 5, pero la piedra angular del cambio reside en generar conversaciones acerca de lo que se valora o aprecia, en contraposición a «lo que está mal» en la situación.

En una aplicación interesante, los estudiantes se centraron en el aprecio que sentían por sus mentores.[4] Un mentor no tenía que ser necesariamente un profesor, sino cualquier persona que hubiera marcado una diferencia positiva en sus vidas. Como parte de una tarea de clase, cada uno escribió la forma en que esa persona le había marcado. Podían incluirse pequeños detalles sobre su amabilidad y su carácter. Resultó que los alumnos escribieron sobre un amplio abanico de personas, entre ellas, por ejemplo, una niñera de la infancia, un entrenador deportivo, un profesor de lengua extranjera y una mujer que trabajaba en el comedor escolar. Después organizaron una ceremonia en la escuela en la que invitaron a los protagonistas de las redacciones a escuchar como los estudiantes presentaban sus

---

[3] Dole, D., Godwin, L. y Moehle, M. (Eds.) (2014). *Exceeding expectations: An anthology of appreciative inquiry stories in education.* Chagrin Falls, Estados Unidos: Taos Institute Publications.
[4] Wade, J. (2014). Kindness units us: Junior high students appreciating their mentors. En Dole *et al. ibid.*

testimonios. El resultado fue una fiesta de buena voluntad, y el proyecto «La bondad nos une» se convirtió en un referente para otras escuelas.

De la uniformidad a la cocreación

Cuando las escuelas son tratadas como fábricas, la maquinaria educativa está diseñada para producir un producto estándar de alta calidad: cada alumno pasa por el mismo molde, que le confiere una forma perfecta y predeterminada. En consonancia con esta imagen, la mayoría de las escuelas públicas siguen un plan de estudios estandarizado y se someten a pruebas nacionales y comparaciones internacionales. Esta apuesta por la estandarización ha sido cuestionada durante mucho tiempo, pero ahora está siendo duramente atacada. En un contexto de cambio global, rápido y complejo, un enfoque de la educación basado en la uniformidad es peligroso. Se necesitan grandes variaciones en habilidades, conocimientos y pasiones; la estandarización es el enemigo. La estandarización tampoco reconoce el flujo global de creación de sentido, con ideas, ideologías e innovaciones que se mueven de manera silenciosa e imprevisible a través de las fronteras geográficas. La estandarización es insensible a las circunstancias tan variadas y en continuo cambio que caracterizan nuestro mundo.

En términos más generales, una perspectiva relacional invita a un proceso educativo sensible a las necesidades, aspiraciones, capacidades y valores de los alumnos, además de a las condiciones y oportunidades del momento. No se trata de producir alumnos estándar, sino de facilitar y fomentar trayectorias ricas y variadas de aprendizaje y desarrollo. En este sentido, consideremos una práctica central de las escuelas de Youth Invest: las *hojas de ruta* de los estudiantes. En la mayoría de las escuelas públicas, los profesores deben emplear un plan de estudios estándar, independientemente de su relevancia para el conocimiento o los intereses de los estudiantes. Al principio se pide a los alumnos que piensen: «¿Dónde te gustaría verte dentro de cinco años?». Un alumno puede responder que le gustaría ser mecánico de coches de lujo y tener pareja, apartamento y quizá perro. Estos sueños se colocan entonces en la parte superior de un gran rollo de papel. La entrevista continúa con la reflexión sobre qué pasos habría que dar para alcanzar ese sueño. ¿Qué tipo de aprendizaje se requeriría, qué formaciones serían necesarias? A medida que charlan, van añadiendo estos pasos en el mismo trozo de papel.

Por ejemplo, pueden coincidir en que es esencial tener el carné de conducir, asistir a clases de reparación de automóviles o tener cierta capacidad para leer y realizar cálculos matemáticos, entre otras cosas. A medida que cada una de estas necesidades se hace evidente, el estudiante también se da cuenta de los pasos inmediatos que tiene que dar: cursos, talleres y demás. Cuando la escuela Youth Invest no puede ofrecerlos, el entrevistador orienta al alumno joven hacia los recursos disponibles en las escuelas vecinas o en la comunidad. Un aspecto importante es que el entrevistador también pregunta al estudiante quién necesita que le ayude o le apoye a lo largo del camino. Puede quedar claro, por ejemplo, que el alumno se beneficiaría del apoyo de sus profesores, de otros alumnos, de sus padres y, posiblemente, de algunos miembros de la comunidad.

Esta información también puede añadirse a la hoja de ruta. Para mantener vivo y relevante este camino hacia el futuro, las hojas de cada alumno se cuelgan en las paredes de la escuela para que todos puedan compartirla. Donde antes había un joven malhumorado y alienado, ahora hay una persona comprometida con sus estudios, que ve sus objetivos de manera positiva, consciente de lo que necesita para alcanzarlos y que aprecia a los demás.

Las escuelas Youth Invest no están solas en su empeño por escapar de *los planes de estudios de talla única* que dominan la educación pública. Estos intentos tienen un importante origen en la orientación centrada en el niño de los jardines de infancia y las escuelas primarias. Gracias a la labor innovadora de las escuelas Montessori y de la escuela de Reggio Emilia, en Italia, se han hecho visibles prácticas de *planes de estudios emergentes*. En lugar de establecer un plan de estudios fijo para el conjunto de las clases, se centran en las curiosidades y talentos de cada niño. Mientras que a uno le fascina la vida submarina, a otro puede gustarle pintar o diseñar vestidos. En cada caso, los docentes trabajan con los niños para ayudarles a desarrollar sus intereses. El término *plan de estudios colectivo* se aplica a las prácticas en las que los alumnos deciden juntos lo que desean explorar en grupo. Así, una clase pequeña puede reunirse por la mañana para elaborar su plan para el día. ¿Sería interesante planificar un jardín, por ejemplo, o explorar los orígenes de la leche que están bebiendo? La discusión en grupo determina la dirección.

Si bien los planes de estudios flexibles parecen razonables para los niños pequeños, muchos cuestionan su pertinencia para la educación de los adolescentes. Aquí, la enseñanza se convierte en un «tema serio», puesto que los padres y los dirigentes políticos valoran la idoneidad de la educación para preparar a los jóvenes para sus futuros trabajos. Al mismo tiempo, sin embargo, es un hecho ampliamente reconocido que la educación estandarizada es una preparación inadecuada para trabajar en un mundo en el que la flexibilidad, la variedad de habilidades y la innovación son esenciales. Estas preocupaciones han estimulado el crecimiento de las *prácticas de aprendizaje por proyectos.* En este caso, se suele identificar un problema del mundo real y el docente actúa como facilitador mientras los alumnos intentan resolverlo. Para los alumnos más jóvenes, el reto puede consistir en hacer un mapa que les guíe a uno de sus destinos favoritos, o elaborar la receta de un pastel que preparen para la clase; a medida que los alumnos son mayores, las tareas se vuelven más complejas, como diseñar un sistema de reciclaje para la escuela o construir un ordenador. De este modo, los alumnos se enfrentan al reto de reunir distintas formas de conocimiento y, a continuación, reflexionar, sintetizar, experimentar y evaluar.

El aprendizaje por proyectos puede llevarse a cabo solo o en grupo, y en ambos casos los resultados suelen presentarse a los demás. La audiencia puede incluir compañeros de clase, personal docente, padres y miembros de la comunidad. En algunas escuelas se organiza una presentación pública al final del curso. En ella, los alumnos pueden conversar con los visitantes interesados en sus proyectos. El aprendizaje por proyectos está ganando adeptos en todo el mundo. Un ejemplo de este movimiento es la red de escuelas High Tech High de California, en las que el plan de estudios desde educación infantil hasta secundaria se basa casi exclusivamente en el aprendizaje por proyectos. En estos centros apenas hay libros de texto, filas de pupitres o exámenes escritos.

Del monólogo al diálogo

Los críticos consideran que la educación tradicional está diseñada para llenar de conocimientos las cabezas de alumnos ignorantes. Por ello, la enseñanza tradicional suele adoptar la forma de un monólogo en el que los docentes dan lecciones a los alumnos acerca de lo que deben saber. De este modo, los estudiantes son entrenados para ser recipientes pasivos –tomar apuntes, memorizar, repetir–, pero por lo demás son tratados como si no tuvieran nada que ofrecer. Por el contrario, en el programa Youth Invest se invita a los alumnos a participar como colaboradores en su educación. Hablan de sus esperanzas y necesidades, comparten opiniones con profesores y amigos, y las clases se llenan de conversaciones. Esto introduce la tercera característica del aprendizaje relacionalmente enriquecido: *la centralidad del diálogo*. Nunca se insistirá lo suficiente en la importancia del aprendizaje dialógico. Sus ventajas sobre el monólogo suelen incluir las formas en que los participantes pueden:

- *Adquirir conocimientos* no solo relacionados con la materia, sino también sobre las perspectivas, opiniones y valores de los demás. La comprensión de los modos de vida y las condiciones culturales de los demás se expande.
- *Desarrollar habilidades de cocreación*. Se amplían las capacidades para compartir ideas, plantear preguntas, debatir diferencias, etcétera. Con ello se adquieren recursos para participar en procesos generativos de relación.
- *Comprender el valor que tiene el proceso relacional en sí mismo*. La preocupación por *mí* y por lo *mío* puede sustituirse por la valoración de lo que *nosotros* podemos generar juntos.

Por supuesto, no todos los diálogos son tan generosos en sus resultados. Las conversaciones pueden ser superficiales, incoherentes y controvertidas. En la enseñanza dialógica tradicional, a menudo identificada como socrática, el profesor suele controlar o limitar los procedimientos, orientando así la clase hacia una conclusión deseada. El resultado es con frecuencia la discriminación entre los que hacen contribuciones acertadas frente a las «irrelevantes». Este tipo de diálogo también puede estar dominado por unos pocos alumnos elocuentes o ambiciosos, mientras que los tímidos se ven frenados a la hora de hablar. Por ello, muchos educadores experimentan incorporando ciertas modificaciones, prestando especial atención a la inclusión, las dinámicas de poder y la participación equilibrada. Este cambio se refleja en el desarrollo global de prácticas de *aprendizaje colaborativo (o cooperativo)*, en las que dos o más alumnos aprenden juntos. Por ejemplo, los niños pequeños pueden crear un cuadro colectivo, dibujar juntos un mapa del barrio o compartir historias sobre un acontecimiento o un tema concreto. Los alumnos mayores pueden crear juntos un vídeo o dirigir la clase en una actividad de exploración. En el ámbito universitario, se puede invitar a los grupos a interpretar un texto o resolver juntos un problema complejo, y luego compartir sus opiniones con la clase. Las posibilidades creativas son infinitas.

Hasta ahora, en el paso de la escuela como fábrica hacia una orientación relacional de la educación, se ha hecho hincapié en la asociación con los estudiantes, la creación conjunta de planes de estudio y el aprendizaje dialógico. Aún así, el florecimiento de estos movimientos se ve obstaculizado de una manera importante: la exigencia de una evaluación estandarizada. Si la educación es un proceso de relación en constante movimiento, ¿por qué debería emitirse un juicio sumario sobre el rendimiento de un *individuo*? ¿Por qué deberíamos clasificar a los individuos o poner notas a su valía? Y, en un mundo pluralista, ¿quién puede reclamar la autoridad para hacerlo? Exploremos las implicaciones.

Más allá de la tiranía de los exámenes: evaluación relacional

- Anna está en plena semana de exámenes. Se pasa horas memorizando, empollando las lecturas del semestre y preocupándose.
- Sean tiene once años y está de mal humor. Se enfrenta a dos días de exámenes nacionales, para los que la clase lleva preparándose dos semanas. «¿Por qué», se pregunta, «estoy aquí sentado haciendo estos exámenes?».
- Ron se prepara para los exámenes de acceso a la universidad. Quiere estudiar historia del arte, pero se siente frustrado y temeroso porque no podrá entrar en la universidad a menos que saque una nota alta en matemáticas.

Estos son los resultados de una orientación industrial de la educación. Cada uno de estos estudiantes está bajo un microscopio, observado desapasionadamente y juzgado por otros. Sus propios intereses, aficiones y habilidades son irrelevantes, y el resultado podría determinar el rumbo de sus vidas. Los niveles de estrés y ansiedad nunca han sido mayores, y la mayoría de los estudiantes consideran los exámenes y las calificaciones como el peor aspecto de su educación. Además, aunque la evaluación está diseñada para aumentar el aprendizaje, sus consecuencias suelen ser las opuestas. Los estudiantes tienden a aprender solo aquello que es materia de examen y olvidarán la mayor parte del temario en cuestión de meses. La habilidad que realmente adquieren es la de aprobar exámenes. Además, los docentes limitan su enseñanza a lo que aparecerá en el examen. Se «enseña para el examen».

Si bien estas son algunas de las muchas críticas que se hacen a los exámenes y las calificaciones, también debemos preguntarnos por las consecuencias relacionales que se desprenden de dichas prácticas, sobre todo entre los alumnos y sus docentes, sus padres y sus compañeros de clase. ¿El proceso relacional favorecido por la tradición de la evaluación dinamiza el aprendizaje y fomenta el bienestar? De entrada, el sistema de evaluación se basa en una separación de unidades individuales. Los estudiantes son evaluados por su rendimiento individual; cada uno se define como fundamentalmente solo, y la evaluación los clasificará en un orden de valía. La relación entre los alumnos es, por tanto, competitiva: las puntuaciones bajas son motivo de vergüenza y las puntuaciones altas justifican un sentimiento de superioridad. Como los docentes actúan como jueces en estas cuestiones, pueden ser temidos o halagados. Al mismo tiempo, los docentes se ven empujados a una postura alienante de vigilancia: ¿los alumnos están haciendo su propio trabajo? ¿Están copiando? ¿Ponen todo su empeño? Los docentes también son evaluados, a menudo por las calificaciones de sus alumnos en los exámenes nacionales. En este caso, los profesores también se enfrentan a la ansiedad, y los alumnos con malos resultados son una carga. El escenario está totalmente preparado para unas relaciones degenerativas.

Sin duda, la retroalimentación puede ser muy útil en el proceso de aprendizaje. «¿Funciona mejor esta solución que aquella? ¿Y si me muevo en esta dirección en lugar de esa? ¿Puedes entenderme si lo digo de esta manera en lugar de esa otra?». El aprendizaje y la retroalimentación caminan de la mano. El reto fundamental es encontrar una alternativa viable a la tradición viciada de la evaluación. Así pues, ¿cómo podríamos enfocar la evaluación desde un punto de vista relacional? Y lo que es más importante, ¿qué tipo de proceso relacional contribuiría al aprendizaje, la curiosidad, el compromiso y la apreciación continua de los frutos del aprendizaje? Además, ¿podría un proceso de este tipo enriquecer las potencialidades del propio proceso relacional? Pasemos, pues, de la evaluación a los procesos de *evaluación relacional*.

En este sentido, educadores con visión de futuro de todo el mundo han desarrollado prácticas de evaluación, muchas de las cuales son compatibles con una orientación relacional de la evaluación. Aquí presentamos tres de las más utilizadas.

Portafolios. Evaluar y calificar a los niños pequeños siempre ha sido controvertido. En un número cada vez mayor de escuelas, estas evaluaciones se están sustituyendo por portafolios. En ellos, los alumnos recopilan materiales durante el semestre para presentarlos al docente al final. Un portafolio puede contener pruebas de tareas completadas, libretas, dibujos, diarios, proyectos, gráficos, carteles, trabajos informáticos y mucho más. Pueden ilustrar las mejores tareas de los alumnos o cualquier otra obra de la que se sientan orgullosos o que demuestre sus conocimientos y habilidades. Al final del semestre, cada alumno comenta el contenido del portafolio con el docente, y posiblemente con sus padres. El docente puede preguntar al niño qué le ha gustado o qué le ha parecido interesante, iniciando así un diálogo con él. Juntos también pueden explorar lo que el niño cree que son buenas demostraciones de su aprendizaje.

Los portafolios tienen muchas ventajas en comparación con los exámenes y las notas. Eliminan la ansiedad de los alumnos por ser examinados y les dan la oportunidad de ampliar sus intereses. Al mismo tiempo, se invita a los niños a reflexionar sobre su aprendizaje, lo que consideran importante aprender y por qué. De especial importancia es que la relación entre el niño y el docente pasa de la alienación a la colaboración. Se convierten en compañeros de aprendizaje. Estas ventajas también han estimulado el desarrollo de las prácticas de portafolio en la educación secundaria y superior.

La revisión del aprendizaje. En los centros de enseñanza secundaria del Reino Unido, una alternativa frecuente a la calificación es la revisión del aprendizaje. La revisión del aprendizaje invita al estudiante a registrar sus actividades de aprendizaje a lo largo de un semestre o más. Se puede pedir a los estudiantes que lleven un cuaderno sobre sus intereses, objetivos y logros, tanto dentro como fuera de clase. Pueden documentar los retos y cómo han superado diversos obstáculos. Periódicamente, el alumno se reúne con el docente para comentar la revisión. Además, la revisión puede compartirse y debatirse con otros alumnos o con los padres. No se ponen notas ni se hacen comparaciones con otros alumnos.

La revisión del aprendizaje es muy beneficiosa, porque invita a los alumnos a reflexionar continuamente sobre su aprendizaje. Se podría decir que se convierten en investigadores de su propio aprendizaje. Por lo común, esta investigación les lleva a debatir con otros sobre experiencias y retos comparativos. Este tipo de relación generativa se complementa con el modo en que la revisión del aprendizaje cambia la relación entre los estudiantes y sus docentes y padres. La orientación juiciosa se sustituye por un esfuerzo de equipo.

Evaluación colaborativa. Sobre todo en el ámbito universitario, están prosperando prácticas innovadoras de evaluación colaborativa. En este caso, los estudiantes hacen comentarios sobre el trabajo de los demás. Por ejemplo, la redacción o el proyecto de un estudiante puede compartirse con dos compañeros elegidos al azar, que debaten sobre los puntos fuertes y los aspectos que consideran mejorables. De este modo, los estudiantes obtienen una serie de puntos de vista sobre lo que se considera un buen trabajo, así como una sensación de apoyo. Al mismo tiempo, los que evalúan el trabajo pueden aprender sobre un tema mientras desarrollan criterios sobre lo que se considera un buen trabajo.

Todas estas prácticas se basan en las relaciones para proporcionar el tipo de retroalimentación que aumenta el interés y el entusiasmo por aprender. El proceso relacional también prepara a los jóvenes para una participación positiva en el flujo relacional. Por último, hay que subrayar que estas alternativas a los exámenes y a las calificaciones tienen consecuencias resonantes tanto para la docencia como para los planes de estudios. Al eliminar el poder de control de los exámenes y las calificaciones, también se liberan las prácticas docentes. Ya no son necesarias las clases magistrales y los PowerPoint, por ejemplo, para garantizar que las lecciones se quedan «grabadas en la mente» de los alumnos. Los diálogos, los proyectos en equipo, el aprendizaje por proyectos y los otros métodos pueden aplicarse plenamente. Además, las clases ya no se regirían por un plan de estudios estandarizado, en el que todos aprenderían lo mismo al mismo tiempo. Los planes de estudios pueden adaptarse con flexibilidad a las necesidades, oportunidades y limitaciones de tiempo y lugar.

De las aulas al comuniverso

Al asociarnos con los jóvenes para prepararlos a participar en un flujo positivo de acción coordinada, debemos mirar más allá de la propia escuela, no solo a la comunidad local, sino a la propia región, país y al mundo. En última instancia, la educación debería ser relevante para el universo de las comunidades —el *comuniverso*—. En el ámbito local, las escuelas a menudo se mueven en esta dirección en su uso del aprendizaje por proyectos. Así, los alumnos pueden desarrollar proyectos para mejorar el transporte a las escuelas, facilitar el reciclaje o reducir los costes energéticos. Las escuelas también pueden aprovechar el talento y los recursos de los miembros de la comunidad. Resultan ejemplares los programas de aprendizaje intergeneracional que emplean la sabiduría de los mayores en el aula. En un caso impresionante de una escuela primaria de un centro urbano, invitan a los ancianos a participar en lecturas individuales con los jóvenes estudiantes, para compartir historias y establecer relaciones con los niños.[5] La mayoría de los alumnos proceden de una comunidad pobre y se benefician enormemente de que otras personas pasen tiempo con ellos escuchándolos, conversando y sirviéndoles de mentores. Al mismo tiempo, muchos de los ancianos viven solos y buscan actividades que les resulten significativas. Ambos ganan en aprendizaje y aprecio mutuo. El programa ha resultado tan útil que los mentores mayores dedicaron más de 4.000 horas de voluntariado a los estudiantes en un solo curso académico.

Las relaciones con las organizaciones empresariales también pueden expandir la comunidad de aprendizaje más allá de las paredes de la escuela. Las empresas locales suelen estar dispuestas a establecer relaciones positivas con las escuelas. Un caso impresionante en Sudáfrica surgió de los problemas económicos y culturales a los que se enfrentaban muchos directores de escuela. Se creó un programa de *Asociación de posibilidades* que ponía en contacto a los directores de las escuelas con empresarios dispuestos a ayudar-

---

[5] Bodiford, K. y Whitehouse, P. (2020). Intergenerative Community Building: Intergenerational Relationships for Co creating Flourishing Futures. En S. McNamee, et al. (Eds.), *The Sage Handbook of Social Constructionist Practice.* Londres: Sage.

las.[6] Se esperaba que los directores se beneficiaran de la experiencia de los empresarios en la gestión de organizaciones complejas. De este modo, ambos líderes podrían colaborar en la identificación de problemas y la puesta en marcha de soluciones. Tan significativas fueron estas reuniones que más de 400 líderes empresariales de más de 300 organizaciones colaboraron con los directores durante un periodo de cinco años. Según informaron posteriormente los directores, los padres se implicaron cada vez más en sus centros, y se formó una alianza entre las escuelas y la comunidad. Hubo un aumento de energía y dedicación por ambas partes.

Consideremos un caso en el que todo un país se unió para crear un programa educativo para la infancia, ampliando el alcance del compromiso comunitario. El país sudamericano de Surinam obtuvo su independencia de los Países Bajos en la década de 1970. A medida que los programas educativos empezaban a tomar forma, también se comprendió que imponer sistemas de educación desde fuera del país era una medida insensible para las necesidades y tradiciones locales. En lugar de tomar decisiones desde arriba sobre estas cuestiones, se preguntaron: ¿y si la población de la nación se uniera a la conversación sobre la educación básica? A partir de una orientación apreciativa, se inició un amplio proceso de entrevistas.[7] No solo participaron docentes y directores de escuela, sino también inspectores escolares, directores de organizaciones, funcionarios públicos, estudiantes, padres, pescadores, vendedores ambulantes, campesinos y muchos otros. Cientos de personas de todo el país deba-

---

[6] Van Rhyn, L. (2016). Vision 2030: How a South African Provocative Proposition is igniting active citizenship and Collaboration. *AI Practitioner*. Número de agosto.

[7] Schoenmakers, L. (2014). *Happily different*. Chagrin Falls, Estados Unidos: Taos Institute Worldshare Books.

tieron y compartieron historias positivas sobre el desarrollo de los niños. Hablaron de puntos fuertes disponibles, esperanzas, creencias y aficiones. A partir de estos debates elaboraron un libro de fácil acceso: *¡Creo en ti!* A su vez, el libro se distribuyó por todo el país para que se siguiera discutiendo y, en última instancia, se convirtió en la base para establecer el sistema de escuelas primarias.

Hay mucho que decir sobre la eliminación de las barreras que separan las escuelas de los mundos de los que forman parte. Concretamente, ahora Internet proporciona a las aulas multitud de portales que ayudan a las relaciones de aprendizaje en todo el planeta. Podemos avanzar hacia un futuro en el que la educación sea equivalente a participar en el flujo global de cocreación.

Otros recursos

Alexander, R. J. (2006). *Towards dialogic teaching: Rethinking classroom talk*. Cambridge: Dialogos.

Boss, S. y Krauss, J. (2018). *Reinventing project-based learning: Your field guide to real world projects in the digital age.* 3rd International Society for Technology in Education.

Dole, D., Godwin, L. y Moehle, M. (Eds.) (2014). *Exceeding expectations: An anthology of appreciative inquiry stories in education.* Chagrin Falls, Estados Unidos: Taos Institute Publications.

Dragonas, T., Gergen, K. J., McNamee, S. y Tseliou, E. (Eds.) (2015). *Education as social construction: Contributions to theory, research, and practice.* Chagrin Falls, Estados Unidos: Taos Institute WorldShare Books.

Gergen, K. J. y Gill, S. (2020). *Beyond the tyranny of testing: Relational evaluation in education.* Nueva York: Oxford University Press.

Hmelo-Silver, C. E., Chinn, C. A., Chan, C. y O'Donnell, A. M. (Eds) (2016). *The international handbook of collaborative learning.* Nueva York: Routledge.

Lewis, R. E. (2020). Lifescaping: Cultivating flourishing school cultures. En S. McNamee, M. M. Gergen, C. Camargo-Borges y E. F. Rasera (Eds.), *The Sage handbook of social constructionist practice* (pp. 321-331). Londres: Sage.

Lund, G. E. (2020). Creating school harmony. En S. McNamee, M. M. Gergen, C. Camargo-Borges y E. F. Rasera (Eds.), *The Sage Handbook of Social Constructionist Practice.* (pp. 332-342) Londres: Sage.

Mercer, N., Wegerif, R. y Major, L. (Eds.) (2020). *International handbook on dialogic education.* Londres: Routledge.

Udvari-solner, A. y Kluth, P. M. (2017). *Joyful learning: Active and collaborative strategies for inclusive classrooms,* (2ª ed.). Nueva York: Corwin.

Wagner, T. (2015). *Creating innovators: Making young people who will change the world.* Nueva York: Scribner.

Capítulo 4
Sanidad: de la causalidad a la colaboración

Las profesiones sanitarias, tanto médicas como terapéuticas, se han convertido en pilares fundamentales del mundo actual. El gasto en sanidad ha aumentado hasta el punto de que puede desempeñar un papel importante en la economía de un país. La prestación de cuidados suele estar ligada al sufrimiento de los demás: a sus necesidades, decepciones y dolores. Y esto sucede tanto en la vida cotidiana como en las profesiones sanitarias. El presente capítulo se centra en el proceso relacional dentro de estas profesiones. ¿Por qué deberíamos hacerlo? No cabe duda de que los actos de cuidado son fundamentalmente relacionales, pero ¿por qué deberían llamar la atención? ¿Acaso estos profesionales no están solo haciendo su trabajo? Por supuesto, pero es esta pregunta concreta la que exige nuestra reflexión.

El proceso relacional dentro de estas profesiones se basa en gran medida en el supuesto de la separación, entendiendo al cuidador y al que recibe los cuidados como seres independientes o delimitados. Además, esta relación se estructura en gran medida en términos de *causa* y *efecto*. En la práctica, esto significa que el terapeuta o el médico actúan para mejorar el estado de un individuo defectuoso. El primero *trata* al segundo o *combate* el trastorno. La relación es fundamentalmente instrumental: el trabajo de uno es solo arreglar al otro. De forma maquinal, el agente causal (terapeuta o médico) es un experto certificado en materia de tratamiento, sigue protocolos estandarizados, se centra de forma específica y desapasionada en tratar el trastorno y se encuentra supeditado a una evaluación basada en evidencias.

Sin duda, hay mucho que decir a favor de este tipo de disposiciones, sobre todo en el ámbito médico. Sin embargo, en este proceso de relación causa-efecto, ¿en quién o en qué se convierten los participantes? El panorama no es nada atractivo. Un amplio estudio indica que los pacientes médicos suelen sentirse como objetos: tratados de forma impersonal, no escuchados, no respetados y sin suficiente información para poder formarse una opinión. Debido a su relación alienada, los pacientes de los Estados Unidos responden a menudo demandando a los médicos por mala praxis. Además de los costes desorbitados de los seguros de mala praxis, los médicos suelen quejarse de lo que se conoce como *burnout*: agotamiento físico y emocional. En el caso de la terapia, muchos clientes se sienten tratados del mismo modo, sometidos a protocolos que poco tienen que ver con sus problemas y con recetas de medicamentos en lugar de comprensión. El objetivo del bienestar no está bien resuelto.

No es de extrañar que este descontento también haya avivado el espíritu de innovación en todas las profesiones de la atención sanitaria. Y lo que es más importante, muchas de estas innovaciones abandonan la orientación mecanicista de causa y efecto. En su lugar, cada vez nos centramos más en la profesión sanitaria como proceso relacional y prestamos más atención a las implicaciones de las prácticas sanitarias. En este capítulo examinamos una serie de estas innovaciones en la práctica terapéutica y médica. Aunque hay mucho que decir al respecto, aquí nos centramos en tres formas principales en las que dichas prácticas están marcando actualmente la diferencia: en la transformación de las realidades, en la transformación de las relaciones y en la ampliación de los círculos de cuidado.

Transformar las realidades de la salud y la enfermedad

Dentro del proceso relacional creamos nuestra concepción del mundo: qué existe, quién y qué somos y qué nos importa. En este sentido, no hay problemas en el mundo que sean independientes de quienes los definen como tales. Para la mayoría de la gente, caerse desde una ventana de tres pisos de altura sería un grave problema; otros podrían verlo como la solución a un problema. Un alumno inquieto puede sentir que el profesor es aburrido; para los psiquiatras, el alumno es víctima de un trastorno por déficit de atención. Estas realidades se moldean en las relaciones: con los colegas, los amigos, las familias, los medios de comunicación, etcétera. Tal y como reconocen cada vez más los terapeutas y profesionales sanitarios, la comprensión del mundo se puede transformar con el fin de aliviar el sufrimiento. Si las nuevas concepciones se construyen conjuntamente, las vidas pueden mejorar.

La terapia como construcción del mundo

Desde sus comienzos a principios del siglo xx, el tratamiento psiquiátrico se ha guiado por un modelo médico. Desde esta perspectiva, los problemas de la vida de las personas se definen como enfermedades mentales y, al igual que las enfermedades físicas, están sujetas a clasificación. En la actualidad, en el mundo occidental hay casi 400 tipos designados de enfermedades mentales. Muchas son bien conocidas por el público, como la depresión, la esquizofrenia, la bipolaridad y el trastorno de ansiedad. Cuando los problemas de la gente se definen como «enfermedades», el trabajo del terapeuta es proporcionar una «cura». Los psicoterapeutas ofrecen «curas del habla», mientras que los psiquiatras recurren ahora a «curas químicas». Existen muchas críticas a esta aplicación del modelo médico. Sin embargo, lo más importante para nuestros propósitos es la crítica a la manera en que los problemas de las personas se definen como «enfermedades» o «trastornos». Como los que buscan ayuda aprenderán rápidamente de sus terapeutas, ellos son «enfermos mentales». La pregunta trascendental es si esta forma de entender las cosas es útil para las personas en su vida cotidiana. Según muchos críticos, cuando los problemas cotidianos se reconstruyen como enfermedades, las personas llegan a verse a sí mismas como personalmente defectuosas, socialmente inferiores y necesitadas, y todo ello afecta a sus relaciones con los demás.[1]

Resulta cada vez más problemática la confianza de los terapeutas en las «curas» farmacológicas. Según el modelo médico, lo natural es «curar enfermedades» por medios biológicos. La industria farmacéutica se ha disparado como consecuencia de ello, con miles de millones de dólares en ventas que contribuyen al aumento de los costes de la atención sanitaria. A modo de ejemplo, los niños enérgicos no sabían que «sufrían un trastorno mental»

---

[1] Conrad, P. y Barker, K. K. (2010). The social construction of illness: Key insights and policy implications. *Journal of Health and Illness,* 51S, 67-79.

hasta que los psiquiatras crearon una categoría diagnóstica para ellos en el año 2000. En Estados Unidos, más de uno de cada diez alumnos en edad escolar son diagnosticados ahora de trastorno por déficit de atención e hiperactividad, y se informa a sus padres de que tal vez nunca lleguen a recuperarse. Los costes sanitarios del TDAH en los Estados Unidos superan los 20.000 millones de dólares.[2]

En este contexto han surgido nuevos movimientos terapéuticos. Si «enfermo mental» es solo una forma de definir a las personas que nos parecen problemáticas, entonces pueden generarse comprensiones alternativas. ¿Y si la terapia se concibiera como un proceso relacional en el que se generan realidades nuevas y prometedoras? Quizá el principal movimiento inspirado en estas ideas sea la *terapia narrativa*.[3] Como se argumenta en este caso, las personas se entienden a sí mismas en gran medida en términos de historias. Como seres múltiples, llevamos con nosotros muchas historias de nuestras vidas, y estas se convierten en el centro de la manera de entendernos a nosotros mismos y de las relaciones con los demás. A menudo son historias de éxito y fracaso, de cómo gané el partido o de cómo no conseguí el trabajo que quería. En este contexto, lo que llamamos problema solo lo es dentro de una historia concreta. Pensemos en un cliente que nos cuenta: «Me estaba yendo bien, pero entonces mi matrimonio se vino abajo y empecé a recibir informes negativos sobre la calidad de mi trabajo. Ahora me siento miserable y no tengo ganas de seguir con mi vida».

---

[2] Biblioteca Nacional de Medicina de EE.UU. www.ncbi.nlm.nih.gov/pmc/articles/PMC1180839/

[3] White, M. y Epston, D. (1993). *Medios narrativos para fines terapéuticos*. Barcelona: Paidós.

Según los terapeutas narrativos, esta es solo una forma de contar una historia sobre uno mismo, y es una historia que se ha vuelto tan convincente que impulsa al suicidio. En ese sentido, no es el cliente el que tiene un problema; *el problema reside en que ha asumido una historia que le define como alguien que tiene un problema.* En este caso, la terapia es esencialmente una conversación que permite a los clientes volver a *narrarse* a sí mismos de maneras que les permitan seguir adelante de un modo más prometedor. ¿Y si esta historia de fracaso pudiera sustituirse, por ejemplo, por un valioso camino hacia el descubrimiento de uno mismo, o por una muestra de resiliencia? La conversación terapéutica puede permitir que estas posibilidades echen raíces y se materialicen en la vida cotidiana.

Hay muchas otras maneras a través de las cuales los terapeutas trabajan con los clientes para generar realidades más prometedoras. Otra idea destacada es la de cambiar el foco de la conversación terapéutica. La mayoría de las personas acuden a terapia porque tienen un problema, y la conversación terapéutica suele focalizarse en la naturaleza y el origen del problema. Ahora bien, si las personas hablan de lo que consideran sus problemas, estos se vuelven más centrales para ellas, más detallados, concretos y convincentes. Si buscan en su pasado por qué están sufriendo, pueden iniciar un largo viaje hacia el descubrimiento de la profundidad y la dimensión de su enfermedad. Como en ocasiones se ha dicho, vivir con la creencia de que uno es un enfermo mental es a veces más estresante que el problema comunicado al principio al terapeuta. Por lo tanto, es razonable pensar que podemos avanzar significativamente si cambiamos la dirección de la terapia de «hablar del problema» a «hablar de la solución».[4]

---

[4] De Shazer, S. (2010). *En un origen las palabras eran magia.* Barcelona: Gedisa; O'Hanlon, B. (2000). *Do one thing different.* Nueva York: W. Morrow.

¿Adónde quieren ir los clientes con sus vidas? ¿Cómo sería un futuro deseable y cómo podrían llegar a él? ¿Qué vías tienen para avanzar hacia esos objetivos y quién podría apoyarles? Si la conversación se orienta hacia el futuro, hacia la propia visión de lo que podría ser posible, empiezan a aflorar nuevas ideas y un sentimiento de optimismo.

En esta misma línea, a muchos terapeutas les resulta útil desviar el foco de la conversación de los sufrimientos, fallos o defectos de los clientes y centrarse en sus puntos fuertes. Recordemos el debate del capítulo anterior sobre la enseñanza basada en los puntos fuertes. Este enfoque puede aumentar la confianza del cliente en sí mismo, alimentar su entusiasmo y fomentar una actitud proactiva hacia el futuro. Muchos han elogiado estas formas de terapia por la rapidez con que pueden producir cambios. Como se ha argumentado, el proceso terapéutico puede ser breve, porque no hay la necesidad tradicional de explorar a fondo los oscuros recuerdos del pasado.

Los terapeutas innovadores no son los únicos que ven el potencial positivo de transformar realidades. En nuestras sociedades hay muchos grupos a los que se suele etiquetar como enfermos mentales o discapacitados. Estos grupos cada vez se dan más cuenta de que tales etiquetas generalizadas son construcciones sociales limitantes, perjudiciales y alienantes. Al aliarse, estos grupos pueden forjar contra-construcciones que tengan el poder de cambiar sus vidas y las de la sociedad en general. Una de las lecciones más importantes para transformar estas realidades surgió en la década de 1950 en Estados Unidos, una época en la que la homosexualidad se trataba como una enfermedad mental y se consideraba un delito. Gracias a los esfuerzos concertados de la comunidad gay, los legisladores y los profesionales de la salud mental, la homosexualidad fue eliminada de la lista psiquiátrica de enfermedades mentales y de los estatutos penales. Esta liberación de una minoría oprimida ha enviado señales a un amplio espectro de personas marginadas por el uso generalizado de etiquetas.

Uno de los ejemplos más impresionantes de resistencia popular a las etiquetas es el movimiento *Hearing Voices* (www.hearing-voices.org). Tradicionalmente, a las personas que oyen voces –que quizá les ordenan que actúen de forma destructiva– se las ha etiquetado como esquizofrénicas. Sin embargo, cada vez son más las personas que cuestionan por qué oír voces se considera una enfermedad. Señalan que oír voces no es tan infrecuente y que, de hecho, muchos personajes famosos –Sócrates, William Blake, Gandhi y Freud– se las arreglaban bastante bien con sus voces. El movimiento internacional de personas que oyen voces permite ahora a los participantes unirse en una conversación colectiva, intercambiar historias y compartir formas útiles de relacionarse con sus voces. También son impresionantes los movimientos dentro de las minorías etiquetadas como *discapacitadas*, como las personas ciegas, sordas, lisiadas o parapléjicas, entre otras. Se trata de minorías estudiadas por personas ajenas a ellas, y las políticas públicas que afectan a sus vidas han estado en gran medida fuera de su alcance. La resistencia se ha ido gestando poco a poco, y ahora el lema «nada sobre nosotros sin nosotros» ha generado un amplio movimiento político. Trabajando juntos, han conseguido participar en las decisiones que afectan a su bienestar. Como muchos proponen hoy en día, una población neurodiversa contribuye a la fortaleza de la especie.

Significado y medicina

El interés por la construcción de significados se abre paso cada vez más en el campo de la medicina. Resulta muy llamativo el modo en que se forma a los profesionales de la medicina para que se centren casi exclusivamente en la condición física del paciente. El foco está en el diagnóstico y la curación, por lo que se presta poca atención al mundo de significados del paciente. Más concretamente, el problema médico no es únicamente un problema médico para el paciente y sus seres queridos. Viven en realidades diferentes. Mientras que el médico solo ve una válvula cardíaca que funciona de manera defectuosa, el paciente puede temer una operación, cicatrices de por vida, la pérdida de prestigio profesional, quedarse inválido (¡no válido!), perder la virilidad, etcétera.

Las controversias sobre lo que se considera enfermedad física, curación y salud también han sido recurrentes en el campo de la medicina. En el mundo globalizado de hoy, estos debates se centran cada vez más en las diferencias entre las tradiciones de comprensión occidentales, las no occidentales y las indígenas. Al mismo tiempo, cada vez está más claro que el proceso de creación de sentido está relacionado de muchas maneras con el bienestar físico. Por ejemplo, las investigaciones revelan que quienes se acercan a la vejez con una visión optimista del futuro tienen más probabilidades de vivir más tiempo.[5] Quienes están atrapados en una vida que les provoca frecuentes enfados, tienen una esperanza de vida más corta. Estos estudios sugieren que el modelo médico puede ser inadecuado para la propia práctica de la medicina.

Uno de los avances más prometedores de los últimos años es la aparición del movimiento de la medicina narrativa. Encabezado por Rita Charon,[6] este movimiento concede una especial

---

[5] Danner, D. D., Snowdon, D. A. y Friesen, W. V. (2001). Positive emotions in early life and longevity: findings from the nun study. *Journal of Personality and Social Psychology, 80*(5), 804-813.

[6] Charon, R. (2006). *Narrative medicine: Honoring the stories of illness.* Nueva York: Oxford University Press.

importancia a ayudar a los médicos a escuchar las historias de los pacientes. Tal y como ella propone, al comprender mejor las perspectivas de los pacientes, tanto médicos como enfermeras pueden mejorar la atención que les prestan. Cuando el diálogo entre pacientes y cuidadores es más abierto, igualitario y con puntos de vista compartidos, la atención al paciente mejora. Como dijo un estudiante avanzado de medicina, «no solo me hace mejor médico en el sentido de poder escuchar mejor y ser más compasivo», sino que «también te ayuda a comprender mejor quién eres como persona». En general, la aproximación narrativa desplaza la orientación del profesional sanitario de la pregunta «¿Cómo puedo tratar esta enfermedad?» a la pregunta más inclusiva «¿Cómo puedo ayudar a mi paciente?». En respuesta a la crítica anterior de la atención sanitaria mecanizada, muchos ven esta orientación como la construcción de una relación de confianza mutua entre pacientes y médicos. La formación en medicina narrativa se imparte ahora en muchas facultades de medicina.

Transformar las relaciones

Como se ha propuesto, el proceso relacional puede transformar nuestras realidades al servicio del bienestar. Sin embargo, desde una perspectiva relacional, también se pone de manifiesto el potencial sanador que tiene la propia transformación de las relaciones. ¿Qué formas de proceso relacional responden mejor a las necesidades de la atención sanitaria? Como ya se ha mencionado, las estructuras tradicionales de causa y efecto tienden a favorecer formas de relación mecanicistas o despersonalizadas: «nosotros, los expertos, le tratamos a usted, el defectuoso». También se establece una jerarquía que sitúa a los profesionales en posición de poder. Ellos son los «conocedores» –independientes, capaces, intachables–, mientras que los tratados se sitúan como ignorantes, dependientes e incapaces. Así pues, los escenarios de relación se ven sumamente limitados y a menudo resultan alienantes. Al mismo tiempo, se está produciendo un cambio radical en las profesiones de la atención sanitaria, tanto en la terapia como en la medicina. Se trata de una nivelación de la jerarquía, una disminución de la distancia y un reconocimiento del enorme poder de la colaboración.

Terapia: de la autoridad a la investigación colectiva

Hay muchas escuelas de psicoterapia, cada una basada en diferentes supuestos sobre el funcionamiento humano, y cada una ofrece formas de tratamiento únicas. Estos tratamientos se aplican a quienes los solicitan. Una vez más, la premisa de causa y efecto suele entrar en juego, y el terapeuta tiene como objetivo provocar un cambio positivo. Al mismo tiempo, estos programas prediseñados también pueden parecer impersonales y programados, como si el terapeuta «ya supiera», por ejemplo, que el problema de una persona tiene su origen en su infancia, su falta de autoestima o sus hábitos cognitivos. En contraposición a esta tendencia hacia la mecanización, los debates se han centrado cada vez más en una postura terapéutica de *no saber*.[7] Con esto se entiende que el terapeuta no es el experto en las vidas de los clientes; los clientes saben mucho más sobre lo que están afrontando, las complejidades de sus circunstancias, sus éxitos y fracasos, etcétera. La postura de no saber invita a los terapeutas a convertirse

---

[7] Anderson, H. y Gehart, D. (Eds). (2007). *Collaborative therapy: Relationships and conversations that make a difference.* Nueva York: Routledge.

en aprendices, a escuchar con curiosidad y a apreciar las formas de pensamiento del cliente. Por lo tanto, se invita al diálogo y a la indagación conjunta. Terapeuta y cliente trabajan juntos para desarrollar un nuevo futuro para el cliente. La orientación basada en la autoridad se sustituye por la colaboración.

Una orientación colaborativa puede adoptar muchas formas en la práctica. Más que seguir un formato específico o un programa de tratamiento, la característica principal reside en la actitud general del terapeuta. Se podría caracterizar al terapeuta como un anfitrión generoso, acogedor, interesado, curioso y comprometido. Una orientación colaborativa ha sido especialmente útil para los terapeutas que tratan con culturas minoritarias y navegan por las difíciles aguas de ayudar a familias que sufren problemas múltiples y simultáneos.[8] Escuchar de manera atenta, apreciativa y constructiva permite una mayor flexibilidad de movimiento en estas situaciones desafiantes. Las prácticas de *terapia multifamiliar* también son compatibles con el avance hacia la colaboración.[9] Muchas familias están angustiadas, por ejemplo, cuando un hijo o una hija adolescente tiene problemas con las drogas o se autolesiona. Al reunir a estas familias, se comparten sabiduría, ideas y estrategias de afrontamiento. Las familias se proporcionan apoyo mutuo y, a veces, humor. Curiosamente, mientras que las prácticas de meditación o atención plena se dedicaban casi en exclusiva a la mejora de los individuos, ahora la atención se centra en su potencial relacional.[10]

---

[8] Madsen W.C. (2007). *Collaborative therapy with multi-stressed families.* (2ª ed.). Nueva York: Guilford.

[9] Asen, E. y Scholz, M. (2010). *Multi-family Therapy: Concepts and Techniques.* Londres: Routledge.

[10] Aristegui, R., Campayo, G. y Barriga, P. (Eds.) (2020). *Relational mindfulness: Fundamentals and applications.* Nueva York: Springer.

Este movimiento desde formas de relación jerárquicas hacia prácticas colaborativas también se ha trasladado a los diagnósticos psicológicos de una forma interesante. Recordemos aquí la crítica al diagnóstico de enfermedades mentales y la manera en que dicha práctica convierte los retos de la vida cotidiana en enfermedades mentales. Al mismo tiempo, al suspender las categorías por completo, también se elimina la perspectiva psiquiátrica. ¿Por qué, cabe preguntarse, deberíamos silenciar cualquier tradición relevante de comprensión? Tal vez ganemos en potencialidad si ampliamos el abanico de interpretaciones. Teniendo en cuenta estas preocupaciones, Jaakko Seikkula y sus colegas finlandeses desarrollaron una alternativa radicalmente distinta a los diagnósticos psiquiátricos: *el diálogo abierto*.[11] Si alguien presenta síntomas «psicóticos» se crea un equipo. Junto al terapeuta pueden estar un trabajador social, familiares, amigos íntimos, profesores e incluso el propio individuo con problemas. No hay reuniones secretas entre profesionales, ni ideas o planes que no se revelen a todos los presentes, ni tampoco un límite de tiempo sobre la duración o la frecuencia de los diálogos. Se reconocen todos los puntos de vista, se ponen en juego múltiples ideas y a menudo surgen líneas de actuación creativas. Como indican las investigaciones, estos diálogos reducen la ansiedad de la persona con problemas, aumentan su confianza en los procedimientos y propician una disposición general a seguir las sugerencias del grupo. Curiosamente, las hospitalizaciones disminuyen de manera drástica y menos personas reciben tratamiento farmacológico. Al participar en un grupo que trabaja de forma creativa y colaborativa por su bienestar, se produce una mejora notable.

---

[11] Seikkula, J. y Arnakil, T. (2016). *Diálogos terapéuticos en la red social.* Barcelona: Herder.

Hacia una medicina colaborativa

La valorización del proceso de colaboración también está cambiando la fisonomía de la asistencia médica. Como muchas grandes instituciones, los hospitales se suelen organizar siguiendo el modelo de una máquina. Al igual que las piezas de una máquina, a cada grupo profesional se le asigna una tarea específica, y si todos hacen bien su trabajo, la máquina debería funcionar de forma eficiente. Por ello, hay médicos especializados en cardiología, oncología, pediatría, etcétera. También existe una jerarquía en la que el personal de enfermería, los celadores y otras especialidades están al servicio de los médicos. Sin embargo, como se va viendo poco a poco, hay poca coordinación entre estos grupos. Sí, la información puede pasar formalmente de un especialista a otro y puede subir y bajar en la jerarquía. Pero apenas hay «comprensión desde la perspectiva del otro» y se presta poca atención al paciente en su conjunto. Durante una estancia de cuatro días en el hospital, un paciente puede, por ejemplo, interactuar con hasta 50 empleados diferentes, cada uno con una misión específica. Hace poco, una vecina mía de edad avanzada me contó que, como cada uno de los diversos especialistas le había recetado fármacos a lo largo del tiempo, ¡había llegado al punto de tomar 19 pastillas al día! Y lo que es más importante, debido a estas relaciones mecanizadas, los pacientes se encuentran en peligro. Como demuestran las investigaciones, una de las diez principales causas de muerte en Estados Unidos son los «errores médicos», por delante del sida, el cáncer de mama o los accidentes.[12] ¡Y la causa

---

[12] O'Daniel, M. y Rosenstein, A. H. (2008). Professional communication and team collaboration. En R. G. Hughs, (Ed.), *Patient safety and quality: An evidenced-based hand-book for nurses.* Rockville, Estados Unidos: Agency for Healthcare Research and Quality.

principal de los errores médicos es la falta de coordinación entre los profesionales! Hay fallos en la comunicación, malentendidos, ambigüedades y demás. El bienestar del paciente está en juego.

Como respuesta a estas condiciones, existen numerosos intentos de crear relaciones de mayor colaboración entre los profesionales sanitarios. En lugar de que cada uno haga su trabajo lo mejor que pueda, se convierten en participantes de un equipo. *Es el equipo* el que se esfuerza por obtener resultados satisfactorios. En la medida de lo posible, estos equipos se reúnen de modo presencial. Se puede comunicar mucho más con el tono de voz, los gestos y las conversaciones que con los informes oficiales. Curiosamente, la coordinación de equipos no es una actividad «natural» para los profesionales. Cada uno aprende una especialidad, pero hay poca formación en comunicación generativa: en escuchar con atención, sintetizar e improvisar.[13] Algunos profesionales pueden ser dominantes, otros tímidos, etc. Si recordamos el capítulo anterior, la educación tradicional es una mala preparación para la participación relacional. Sin embargo, cuando la coordinación funciona, los resultados de la colaboración son inspiradores. No solo disminuyen los errores médicos, sino que hay un tratamiento más eficaz, una mayor seguridad, una mayor satisfacción del paciente y su familia, y una moral más alta entre el personal.

Este énfasis en la asistencia colaborativa se ha centrado en gran medida en las relaciones entre profesionales dentro del sistema sanitario. Sin embargo, podemos preguntarnos, ¿qué ocurre con el paciente y su familia? Como vimos en el caso de la me-

---

[13] Boissy, A. y Gilligan, T. (Eds.) (2016). *Communication the Cleveland Clinic way: How to drive a relationship centered strategy for superior patient experience.* Nueva York: McGraw-Hill.

dicina narrativa, pueden ofrecer importantes ideas acerca de su atención. En nuestra era digital, los pacientes a veces tienen más información que los médicos sobre su enfermedad. Y aún hay más. Uno de los problemas que plantean más dificultades a la hora de curar enfermedades físicas es la falta de cooperación de los pacientes. Pueden no tomar los medicamentos prescritos, descuidar la dieta pautada, seguir bebiendo alcohol y fumando o no acudir a las revisiones. Todos estos fracasos se ven propiciados por la forma causal de la relación: los médicos curan a los pacientes. La sensibilidad hacia el proceso relacional hace surgir una alternativa prometedora: ¿por qué no incorporar al paciente y a otros familiares al *equipo sanitario*? Por ejemplo, en una iniciativa de atención colaborativa, un médico forma equipo con los pacientes, sus familias y el personal médico para «cocrear los cuidados».[14] Se hace especial hincapié en que cada participante responda a las esperanzas, necesidades y propósitos de todos los demás miembros del equipo. Como escriben los iniciadores: «Los pacientes no son solo pacientes para nosotros. Nos convertimos los unos en parte de los otros de una forma muy interesante… Sus necesidades se convierten en nuestras necesidades, y nuestras necesidades también son las suyas… En lo que realmente nos centramos es en lo que nos importa como personas». (p. 252) La hermana de uno de sus pacientes iba a casarse. Más que nada en el mundo, el paciente quería estar en la boda. Como ellos relatan: «Conseguimos que estuviera allí».

---

[14] Uhlig, P. y Raboin, W. E. (2015). *Field guide to collaborative care: Implementing the future of health care*. Overland Park, Estados Unidos: Oak.

Ampliar los círculos de la atención sanitaria

Como hemos visto, la sensibilidad hacia los procesos relacionales ha propiciado innovaciones de gran alcance entre los profesionales sanitarios. Sin embargo, nos hemos centrado principalmente en los procesos relacionales que ocurren dentro de los entornos de atención sanitaria (salas de terapia, hospitales, etc.). Al mismo tiempo, las lógicas que inspiran estas innovaciones no se limitan a estos entornos tradicionales. El bienestar humano es intrínsecamente un proceso relacional, y las posibilidades de ampliar los círculos de participación se encuentran tan cerca como la próxima conversación. Escuchar, compartir, apoyar y colaborar pueden ser actividades revitalizadoras en cualquier lugar donde se practiquen. El reto consiste en poner en marcha esos procesos, desde el ámbito local al global.

Consideremos en primer lugar los potenciales terapéuticos. Ya hemos vislumbrado movimientos de base cuyo objetivo es mejorar el bienestar de quienes, en otras circunstancias, serían etiquetados como enfermos mentales o discapacitados. También hay cada vez más prácticas comunitarias, como Alcohólicos Anónimos o los programas de doce pasos para combatir las adicciones. Todos ellos basan su eficacia en las relaciones de apoyo mutuo entre los afectados. En el caso de las llamadas discapacidades, muchas empresas con visión de futuro han empezado a pensar de forma creativa. Una discapacidad solo lo es en determinados contextos; en otras condiciones puede ser preciada. En plena noche, los ciegos abren el camino a los discapacitados que dependen de la vista. Así, las empresas encuentran formas de valorar las contribuciones únicas que pueden hacer las personas ciegas, autistas y con otros ejemplos de neurodiversidad.

¿Es posible que la comunidad más amplia funcione de forma similar y beneficiosa para la salud? ¿Cómo podría la propia comunidad prestar apoyo mutuo? Existe una iniciativa brasileña muy inspiradora. Marilene Grandesso y sus colegas han desarrollado un modelo de *terapia comunitaria integradora*.[15] El objetivo es aprovechar los recursos de la comunidad para tratar los problemas que suelen restringirse a la práctica clínica. Como hemos visto, en la comunidad hay grandes reservas de sabiduría, experiencia y comprensión. Al compartir estos recursos, los miembros de la comunidad pueden aprender unos de otros y, al mismo tiempo, conocer mejor la propia comunidad. Así pues, las reuniones comunitarias suelen girar en torno a un tema relacionado con un problema concreto, como el abuso de alcohol o sustancias, la discriminación, los conflictos o la violencia familiar. La persona que se enfrenta al problema elegido tiene la oportunidad de contar los detalles mientras los demás escuchan y, a continuación, hacen preguntas. Posteriormente, tiene lugar un debate abierto en el que los miembros de la comunidad ofrecen consejos, relatan historias personales y ofrecen diferentes perspectivas, entre otras cosas. Todos aprenden de los intercambios y abunda el aprecio mutuo.

¿Y cómo afrontar el complicado reto de las personas con perturbaciones graves, aquellas que suelen ser etiquetadas como *psicóticas*? Normalmente, o bien se las interna en instituciones o bien son medicadas, en ambos casos a menudo de por vida. El potencial de estos tratamientos para mejorar la salud es mínimo. Funcionan más bien como dispositivos de protección, para que aquello que es inescrutable e impredecible no perturbe la comodidad de nuestras normas sociales. ¿Y si las condiciones relacio-

---

[15] Grandesso, M. A. (2020). Integrative community therapy: Creating a communitarian context for generative and transformative conversations. En S. McNamee, et al. (Eds.) *The Sage Handbook of Social Constructionist Practice.* Londres: Sage.

nales fueran distintas? En lugar de proteger las normas comunes contra la intrusión, ¿qué pasaría si las normas se suavizaran de manera que hubiera oportunidad de desarrollar una coordinación positiva? Los terapeutas suecos han explorado esta posibilidad.[16] En este caso, individuos gravemente perturbados –que con seguridad han pasado años en hospitales psiquiátricos– se ubican en un entorno tranquilizador, acogedor y de apoyo. Una granja puede ser un entorno ideal, y la familia que vive y trabaja en ella recibe formación para ser lo más tolerante y lo menos demandante posible. Los miembros de la familia hacen su vida y «el invitado» vive con ellos. No se le exige nada, pero siempre está invitado a participar en las actividades cotidianas de la granja, desde charlar o comer juntos hasta ayudar en las tareas. Se ofrecen sesiones de terapia profesional una vez a la semana, principalmente para hablar de cómo transcurre el día a día. En ocasiones especiales, la familia, el personal terapéutico y el huésped se reúnen para comer o celebrar una fiesta. Cuando el huésped se siente capaz, se hacen los preparativos para mudarse a un apartamento individual, donde inicia una vida independiente. Sin embargo, los huéspedes nunca tienen que renunciar a relacionarse con quienes les han acogido. Los antiguos huéspedes suelen volver con estas familias para fiestas o vacaciones especiales, y los vínculos son duraderos. Y lo que es más importante, la tasa de recuperación de este tipo de tratamiento es alta.

En lo que respecta al mundo médico, los movimientos hacia la colaboración dentro de las comunidades son escasos. Sin embargo, se pueden encontrar profesiones médicas que están cada vez más abiertas a las voces de fuera de sus círculos. Pensemos

---

[16] Håkansson, C. (2009). *Ordinary life therapy: Experiences from a collaborative systemic practice.* Chagrin Falls, Estados Unidos: Taos Institute Publications.

en la educación en medicina. De modo tradicional, esta formación se ha consagrado a los conocimientos desarrollados en la comunidad científica, en campos como la química y la biología, y a su aplicación. Sin embargo, como hemos visto en el caso de la medicina narrativa, la experiencia de los pacientes puede ser un elemento de valor incalculable para el tratamiento. Lo mismo ocurre con la formación de médicos para atender a diversas poblaciones. Por ejemplo, los ancianos han vivido toda una vida de experiencias tanto con enfermedades como con médicos. Los médicos jóvenes podrían beneficiarse enormemente de conocer sus vivencias. En esta línea, en la Facultad de Medicina de Harvard se ha desarrollado un programa en el que invitan a expacientes de edad avanzada a formar parte de un Consejo de Ancianos. Su tarea consiste en asesorar a los médicos residentes que se enfrentan a casos complicados.[17] Los ancianos no solo actúan como docentes, sino también como colaboradores en la construcción de una comunidad de recursos para tratar casos médicos complejos.

Se está produciendo un movimiento similar hacia la integración de voces externas en la investigación médica. Cada vez más, los investigadores médicos empiezan a ver la ventaja de escuchar las experiencias de quienes padecen las enfermedades que ellos quieren estudiar. Así, los investigadores han recurrido a pacientes de Parkinson, por ejemplo, para que participen en el diseño de las agendas de investigación para el estudio de la enfermedad.[18]

---

[17] Katz, A. M., Conant Jr, L., Inui, T. S., Baron, D. y Bor, D. (2000). A council of elders: creating a multi-voiced dialogue in a community of care. *Social Science & Medicine, 50*(6), 851–860.
[18] Abma, T., Banks, S., Cook, T., Dias, S., Madsen, W., Springett, J. y Wright, M. T. (2019). *Participatory research for health and social well-being.* Nueva York: Springer.

Adentrándose aún más en el ámbito público, los investigadores de un centro médico académico de Boston seleccionaron a una docena de jóvenes de color para que les ayudaran a comprender las necesidades sanitarias, tanto médicas como terapéuticas, que tiene la comunidad.[19] El grupo de adolescentes se reunió con especialistas para analizar una serie de cuestiones relevantes. A partir de sus conversaciones, elaboraron y realizaron encuestas en los barrios. Más tarde, ayudaron a explicar el significado de los resultados y a reflexionar sobre las implicaciones para las políticas y la planificación de la asistencia sanitaria. Los círculos de cocreación se amplían.

El movimiento de colaboración en materia de atención sanitaria descrito en este capítulo tiene un potencial de gran alcance. Sin embargo, ahora se plantea el serio reto de ampliar el círculo de participación al ámbito global. La pandemia de covid-19, que arrasó el planeta y mató a millones de personas, fue una dramática llamada de atención. Las personas se desplazan por todo el planeta en un número cada vez mayor y todas llevan consigo hábitats microbióticos. Al mismo tiempo, la degradación del medio ambiente acarrea cambios biológicos de consecuencias desconocidas. El mundo está poco preparado para un futuro en el que en cualquier momento pueden surgir enfermedades mortales que pongan en peligro rápidamente a la especie humana. Volveremos a la cuestión de la colaboración global en el último capítulo.

---

[19] Sprague Martinez, L. S., Tang Yan, C., Augsberger, A., Ndulue, U. J., Libsch, E. A., Pierre, J. K. S., Freeman, E. y Gergen Barnett, K. (2020). Changing The Face Of Health Care Delivery: The Importance Of Youth Participation: *Health Affairs, 39*(10), 1776-1782.

Otros recursos

Anderson, H. y Gehart, D. (Eds). (2007). *Collaborative Therapy: Relationships and Conversations that Make a Difference*. Nueva York: Routledge.

Chadbourne, J. y Silbert, S. (2011). *Healing conversations now: Enhance relationships with elders and dying loved ones*. Chagrin Falls, Estados Unidos: Taos Institute Publications.

Hedtke, L. (2020). From an individualist to relational model of grief. En S. McNamee, M. M. Gergen, C. Camargo-Borges y E. F. Rasera (Eds). *The Sage handbook of social constructionist practice*. Londres: Sage.

Holzman L. y Mendez, R. (Eds). (2003). *Psychological investigations: A clinician's guide to social therapy*. Nueva York: Brunner-Routledge.

Gold, K. (2020). Words matter: Promoting relationality in healthcare through narrative medicine. En S. McNamee, M. M. Gergen, C. Camargo-Borges y E. F. Rasera (Eds.). *The Sage handbook of social constructionist practice*. Londres: Sage.

Lock, A. y Strong, T. (Eds.) (2012). *Discursive perspectives in therapeutic practice*. Nueva York: Oxford University Press.

Nepustil, P. (2020). Populating recovery: Mobilizing relational sources for healing addiction. En S. McNamee, M. M. Gergen, C. Camargo-Borges y E. F. Rasera (Eds.). *The Sage handbook of social constructionist practice*. Londres: Sage.

Newbury, J. (2013). *Contextualizing care: Relational engagement with/in human service practices*. Chagrin Falls, Estados Unidos: Taos Institute Publications.

Paré, D. (2013). *The practice of collaborative counselling & psychotherapy: Developing skills in culturally mindful helping*. Los Angeles: Sage.

Capítulo 5
Las organizaciones y el reto del cambio

En la larga historia de la humanidad (y también de los animales) han prevalecido aquellos que han aprendido a colaborar y a improvisar con mayor eficacia.

CHARLES DARWIN

Estamos inmersos en un movimiento cada vez más rápido y global de ideas, información, personas, invenciones, oportunidades y valores. Los retos que se plantean a las organizaciones, tanto grandes como pequeñas, son extraordinarios. ¿Las organizaciones actuales están preparadas para afrontarlos? Consideremos aquí que la concepción de las organizaciones en el siglo XX se basaba en la imagen de una estructura sólida, similar a una máquina. Al igual que las escuelas y los hospitales, las organizaciones han sido diseñadas para alcanzar objetivos específicos: fabricación, banca, defensa militar, educación, etc. El modelo clásico divide las organizaciones como si fueran un conjunto de piezas que componen una máquina, y a cada elemento se le asigna una función específica: finanzas, marketing, recursos humanos y demás en las grandes empresas. A su vez, el éxito de su funcionamiento depende del rendimiento de individuos formados o preparados para un puesto de trabajo específico. Los altos cargos «dirigen la máquina», mientras que los directivos de nivel inferior supervisan las distintas funciones, y así sucesivamente. La cuestión principal continúa siendo: ¿esta organización similar a una máquina del siglo xx es adecuada para los retos del siglo xxi?

Para ser justos, en un mundo estable, estas «organizaciones de mando y control» pueden ser muy eficaces a la hora de organizar a un gran número de personas para lograr un objetivo concreto. Cuando las condiciones son estables y hay datos fiables y necesidades previsibles para sus productos, la planificación eficaz puede resultar muy útil. Sin embargo, en un mundo con cambios imprevisibles y cada vez más rápidos, la organización tradicional queda obsoleta. Se requieren formas de organización que faciliten un movimiento rápido y adaptable dentro del flujo del cambio global. La flexibilidad, la improvisación y la innovación son esenciales. Es vital una nueva visión de las organizaciones.

Abandonemos la idea de la organización como una estructura mecánica y exploremos su potencial como un proceso relacional continuo. Esta idea ha captado la atención de muchos estudiosos de las organizaciones, y de su trabajo se desprende la metáfora fundamental de la *organización como conversación*. Aquí la atención se centra en el proceso continuo de creación de significado y en cómo este proceso genera interpretaciones acerca de la identidad de cada uno, el propio trabajo, lo que se considera un «trabajo bien hecho» o una remuneración justa. La motivación, la dedicación y la sensación de bienestar dependen del proceso de coconstrucción de significados. En las siguientes páginas exploraremos el potencial de esta orientación relacional para el funcionamiento eficaz de las organizaciones en los fluidos mundos actuales. Y lo que es más importante, ¿a qué tipo de prácticas organizativas se invita ahora? A partir de las innovaciones que ya están en marcha, mencionamos cuatro avances especialmente prometedores.

Desplegar los potenciales de la participación

En un mundo de cambios rápidos e impredecibles, uno de los principales inconvenientes de las organizaciones de mando y control es que estrangulan el proceso relacional. Los de arriba toman todas las decisiones importantes, y sus políticas y sus planes se comunican hacia abajo por toda la organización. En efecto, «nosotros decidimos y los demás escucháis y obedecéis». Al igual que ocurre con la enseñanza descendente en las escuelas, el potencial del proceso relacional se reduce. Una de las principales consecuencias es la calidad de la toma de decisiones. En el mundo actual es cada vez más difícil predecir el resultado de cualquier decisión. Al mismo tiempo, los propios problemas se están volviendo cada vez más complejos. Los cambios en un ámbito están relacionados con cambios en muchos otros. Un simple aumento del precio del pan puede estar relacionado no solo con su venta, sino también con el empleo, el medio ambiente o la política. Los efectos dominó son continuos e imposibles de prever. Si el debate sobre las distintas medidas adoptadas está restringido a los de arriba, también se ve limitada la variedad de conocimientos, percepciones y opiniones que se aportan a la conversación. Aumentar el precio del pan puede ser poco más que una decisión económica para la alta dirección. Sin embargo, quienes barren el suelo tendrán mucho que decir sobre sus implicaciones en la vida de quien tiene problemas para alimentar a su familia.

No es solo que las decisiones estén menos fundamentadas en las organizaciones que funcionan como si fueran máquinas, sino que la relación jerárquica disuade a quienes se encuentran en los niveles inferiores de reflexionar sobre los problemas. Si la toma de decisiones siempre se lleva a cabo en la cúspide, los demás quedan reducidos a la condición de peones que se limitan a obedecer órdenes. ¿De qué sirve, entonces, observar, deliberar e imaginar innovaciones que, en otras circunstancias, podrían contribuir a la organización? Lo que podría haber sido una conversación generativa sobre la organización, a menudo se reduce a quejas, burlas o reproches a los de arriba.

Si la organización es un proceso conversacional, debemos *enriquecer la conversación*. El primer reto en un mundo complejo y en rápido cambio es aumentar el número y la variedad de voces que participan en formar su futuro. Como dirían los teóricos, la organización debe convertirse en *polifónica*, o con múltiples voces. Y dada la base relacional de la creación de valor, debe darse prioridad a la conversación generativa. En efecto, hace falta una participación amplia y comprometida. Esto puede sonar idealista por un lado y caótico por otro. Sin embargo, el desarrollo en la década de 1990 de la *Indagación Apreciativa*, una práctica de cambio organizativo que ahora se comparte en todo el mundo, marcó un hito en la dirección adecuada.[1]

Consideremos la organización tradicional, en la que la resolución de problemas y la planificación van principalmente del nivel superior al inferior. Se establecen nuevas políticas, planes o procedimientos que todo el mundo debe seguir. El hecho de que el personal entienda las razones de estos cambios o los considere equivocados resulta prácticamente irrelevante. La resistencia es frecuente, y el cambio puede resultar brusco y

---

[1] Cooperrider, D. y Whitney, D. (2005). *Appreciative Inquiry: A positive revolution in change.* San Francisco: Berrett-Koehler.

alienante. Se suele decir que a la gente le importa más aquello que crea. En estos términos, la Indagación Apreciativa es, en primera instancia, un medio para ampliar la población de creadores. Pero esto es solo el principio. Porque añadir más voces a la conversación también puede conllevar conflictos, confusión y juego sucio. El tipo de conversaciones que genera la Indagación Apreciativa (IA) no solo evita muchos de estos problemas, sino que invita al entusiasmo, al sentido de la solidaridad y al optimismo. ¿Cómo se puede lograr esto? Entre los ingredientes clave están:

- *Pasar de los problemas a las posibilidades*: cuando las conversaciones se centran en los problemas, el resultado suele ser una amplificación de los mismos y una creciente sensación de desesperación. Por el contrario, las conversaciones sobre Indagación Apreciativa desplazan la atención de los problemas a las posibilidades positivas.
- *Centrarse en lo valioso:* la planificación de futuro en las organizaciones suele estar vinculada a cuestiones materiales como el coste, la viabilidad o la competencia. Las cuestiones de valor –«qué valoramos realmente»– rara vez se abordan. Como se suele decir, el materialismo –conseguir y gastar– deja una sensación de vacío. Por el contrario, las conversaciones iniciales en la Indagación Apreciativa son agradecidas. En concreto, se centran en lo que les importa a los participantes, lo que da vida a su trabajo.
- *Compartir historias personales*: la resolución de problemas organizativos tiende a ser impersonal. La lógica y las pruebas son primordiales. Las conversaciones iniciales de la Indagación Apreciativa permiten a los individuos compartir historias personales que ilustren lo que aprecian o valoran de su vida en la organización.

- *Planificación práctica:* las decisiones suelen tomarlas los altos cargos de una organización. Los participantes en la Indagación Apreciativa se implican tanto en la planificación práctica como en el desarrollo de los mecanismos para que dé sus frutos.

En lo que respecta a la práctica real de la Indagación Apreciativa, hace falta una cuidadosa planificación previa para desarrollar el reto del grupo y elaborar las preguntas que les llevarán a una conversación productiva. Las conversaciones se dividen en cuatro fases, a menudo denominadas «las cuatro D», por sus iniciales en inglés. En la primera fase, Descubrimiento (*Discovery*), los participantes suelen conversar en parejas, y su debate aborda la pregunta de apreciación que corresponda. Por ejemplo, si una organización está planteándose un plan de expansión, la pregunta podría centrarse en qué es lo que más valoran del funcionamiento actual de la organización. Al debatir la cuestión, se invita a cada miembro de la pareja a compartir una historia personal para ilustrar aquello que más aprecia. A esto le sigue una fase de Sueño (*Dream*), en la que los participantes vuelven a reunirse con el grupo completo para compartir sus descubrimientos. Con la ayuda de un líder de Indagación Apreciativa, se localiza un conjunto de valores comunes. Al pasar a la fase de Diseño (*Design*), los participantes consideran qué tipo de planes, políticas o prácticas harían realidad estos valores en la expansión de la organización. Por último, en la fase de Ejecución o Destino (*Deliver o Destiny*), se planifican los cambios concretos que deben realizarse y la forma en que pueden desarrollarse y supervisarse.

La Indagación Apreciativa ha sido introducida en organizaciones, grandes y pequeñas, de todo el mundo. Ha encontrado su lugar en empresas, organizaciones sin ánimo de lucro, escuelas, iglesias, comunidades y más. Muchas personas también encuentran útil esta orientación en la vida familiar cotidiana o, de manera informal, en el trabajo. En lugar de centrarse en los problemas o en buscar culpables cuando las cosas van mal, la conversación puede dirigirse hacia lo que valoramos y hacia cómo podemos hacer más para alcanzar esos objetivos. La Indagación Apreciativa no es solo una práctica para el cambio organizacional; sus fundamentos pueden enriquecer nuestra forma de convivir.

El notable éxito de la Indagación Apreciativa ha cambiado las reglas del juego en el campo del desarrollo organizativo. En décadas anteriores, cambiar una organización –mejorarla o modificar su rumbo– podía ser costoso y lento. Esto se debía principalmente a la concepción de la organización como una máquina. Si se quieren introducir cambios en la máquina, hay que recurrir a consultores expertos, investigaciones, evaluaciones y cuidadosas deliberaciones. En cambio, la Indagación Apreciativa demuestra que el cambio organizativo puede ser tan rápido como la velocidad de una conversación. Y con el tipo adecuado de diálogo, se puede despertar el entusiasmo y la solidaridad. Esta constatación ha dado lugar a un movimiento más general: el *desarrollo organizativo dialógico*.[2] Aquí se promueven prácticas de amplio alcance para estimular el cambio organizativo a través del diálogo productivo. Se incluyen prácticas afines a la Indagación Apreciativa, junto con formas de conversación que pueden poner en entredicho supuestos que se dan por sentado, generar formas nuevas y novedosas de seguir adelante y crear narrativas útiles para afrontar el futuro. Las posibilidades que ofrece son ilimitadas.

---

[2] Bushe, G. R. y Marshak, R. J. (Eds) (2015). *Dialogic organizational development.* San Francisco: Berrett-Koehler.

Colaboración y creatividad

Cuando los miembros de la organización están alerta, comprometidos y se comunican, la organización está preparada para la acción. Ahora bien, la participación activa no es suficiente. Queda el reto crucial de colaborar, trabajar juntos para resolver problemas, tomar decisiones complejas y avanzar en nuevas direcciones. Esto puede significar trabajar con personas que tienen habilidades, perspectivas y valores diferentes, y que pueden vivir en distintas partes del mundo. Tan importante es la capacidad de colaborar en el acelerado mundo actual, que las organizaciones deben «colaborar o perecer», como afirman algunos analistas.[3] A continuación examinamos dos rutas significativas para mejorar la colaboración, y una ilustración de sus potenciales.

Tecnologías colaborativas

Un resultado de la visión mecánica de las organizaciones es su enfoque minimalista de la comunicación. Desde este punto de vista, si cada unidad de la organización lleva a cabo su tarea según lo previsto, todo el sistema debería funcionar con fluidez. La función de la comunicación, por tanto, es transferir información al servicio de un funcionamiento eficaz. Ahora bien, en el mundo digital de los cambios rápidos, que exige modificaciones e innovaciones continuas, el planteamiento minimalista ya no sirve. Las unidades ya no pueden sobrevivir solo con información. Lo primordial es aclarar, especular, improvisar, etc., todo al servicio de la colaboración.

---

[3] Bratton, W. y Tumin, Z. (2012). *Collaborate or perish: Reaching across boundaries in a networked world.* Nueva York: Random House.

Este cambio hacia la colaboración se ha beneficiado enormemente del desarrollo cada vez mayor de las tecnologías digitales. Aquí encontramos fuentes de colaboración instantánea en todo el mundo, 24 horas al día, 7 días a la semana. Estas tecnologías siempre han sido eficaces para transferir información. Sin embargo, a medida que se han hecho más eficaces para transmitir información visual, el intercambio empieza a aproximarse al diálogo cara a cara. Este enriquecimiento del proceso no puede sobrestimarse. Al principio, este diálogo permite aclarar continuamente lo que se está comunicando. Un movimiento de cabeza, un gesto de desconcierto o una pregunta rápida pueden contribuir a la comprensión. Las expresiones no verbales, como el tono de voz y las expresiones faciales, pueden indicar las dudas o la confianza del interlocutor en una opinión, o la importancia de lo que se está diciendo. Es de especial importancia la posibilidad de que aparezcan risas compartidas. Como se suele decir, «la risa es la distancia más corta entre dos personas».

Las innovaciones en tecnología de la comunicación están mejorando sin cesar, pero una ilustración de su potencial es útil. En este caso, una organización escandinava había crecido tanto que la coordinación entre los distintos departamentos y filiales se había vuelto difícil de gestionar. Muchos de los empleados no se conocían entre sí, faltaba comprensión mutua y era difícil poner en práctica nuevas ideas. A través de la tecnología de vídeo, se organizaron reuniones sistemáticas que conectaban los distintos departamentos y filiales con la alta dirección. Con pleno acceso visual de unos a otros, los debates variaron ampliamente, en consonancia con las necesidades y las circunstancias. A medida que los grupos se familiarizaban, el diálogo se hacía cada vez más abierto y distendido. Se creó un ambiente de buena voluntad y comprensión, ambos esenciales para avanzar en circunstancias ambiguas y siempre cambiantes.

Andamiar el diálogo

Reunir a las personas en una conversación colaborativa tiene un potencial prometedor, pero la conversación colaborativa no es un acto natural. Como exploramos en el capítulo 3, nuestros sistemas educativos nos preparan muy poco en las artes de la colaboración. En las aulas se enseña a los estudiantes más jóvenes a aceptar la autoridad y a los mayores a defender sus posturas y criticar a los competidores. Ninguna de estas dos prácticas contribuye de forma prometedora a la colaboración. Estamos poco preparados para ampliar y elaborar las ideas de los demás, para sopesar y combinar múltiples posturas o para jugar con ideas e imágenes; todo ello resulta esencial para colaborar por encima de las diferencias de significado. Las organizaciones se dan cuenta cada vez más de lo imprescindibles que son estas «habilidades blandas» para prosperar en un mundo multicultural. Cada vez son más frecuentes los manuales sobre cómo trabajar bien con los demás. Sin embargo, la distancia entre leer lo que uno *debería hacer* y hacerlo realmente puede ser enorme. En plena acción, uno se olvida enseguida de que «debo gestionar mis emociones», «mantenerme en el buen camino» o «dar *feedback* positivo».

Para muchas organizaciones, esto ha significado añadir competencias dialógicas a la formación de los cargos directivos. Sin embargo, una segunda vía muy prometedora para el diálogo constructivo es el andamiaje. En lugar de confiar en unas habilidades de relación inestables o en una estructura organizativa, se trata de establecer un andamiaje conversacional que invite a la colaboración. Uno de los primeros y más exitosos andamiajes de este tipo se diseñó para mejorar la toma de decisiones en grupo.[4] Para evitar

---

[4] De Bono, E. (2008). *Seis sombreros para pensar*. Barcelona: Paidós.

los efectos corrosivos de la jerarquía y la competencia, el proceso de toma de decisiones se divide en seis tipos diferentes de conversación. En cada parte, los participantes «se ponen un sombrero conversacional diferente». Así, en la fase del Sombrero Blanco se invita a todo el mundo a compartir información relevante para la decisión; en la etapa del Sombrero Amarillo se les pide a los participantes que compartan su optimismo sobre la decisión que están apoyando. A continuación, en la etapa del Sombrero Negro pueden hablar de lo que consideran problemas o peligros; en la conversación del Sombrero Rojo, los participantes hablan de forma más subjetiva: de sus sentimientos, presentimientos e intuiciones; en la etapa del Sombrero Verde son libres de imaginar alternativas; y durante la fase del Sombrero Azul, los participantes reflexionan sobre el diálogo en sí: cómo ha ido la conversación y qué han conseguido. Esta práctica es especialmente atractiva, ya que libera a los participantes de las exigencias habituales de coherencia; pueden hablar tanto a favor como en contra de la misma idea. Además, el proceso aumenta de manera considerable el abanico de ideas y sentimientos que se tienen en cuenta a la hora de tomar una decisión.

A medida que la conversación ha ido sustituyendo a la metáfora de la organización como máquina, se han multiplicado los diálogos con andamiaje. Han surgido diferentes conjuntos de prácticas, diseñadas para distintos tipos de retos y condiciones. Por ejemplo, un amplio grupo de prácticas se ha identificado como *estructuras liberadoras*. Se trata de formas estructuradas de diálogo diseñadas principalmente para dinamizar a un grupo de modo que pueda alcanzar su potencial.[5] Los diálogos estructura-

---

[5] Lipmanowicz, H. y McCandless, K. (2013). *The surprising power of liberating structures: Simple rules to unleash a culture of innovation.* Seattle: Liberating Structures Press.

dos pueden incluir entrevistas mutuas, juegos de rol y narraciones compartidas, entre otras prácticas. A modo de ejemplo, en la dinámica de Wise Crowds, los participantes de un pequeño grupo se turnan para presentar un reto personal al que se enfrentan en la organización. Los oyentes, en cada caso, actúan como consultores. Pueden hacer preguntas para aclarar, compartir problemas similares y ofrecer consejos de ayuda y apoyo. Los participantes se benefician personalmente de escuchar los múltiples puntos de vista, y la dinámica genera confianza mutua y conocimientos útiles sobre la vida dentro de la organización. Especialmente estimulante, y muy divertida, es la dinámica denominada TRIZ. En este caso, los participantes trabajan juntos en un proyecto. En un momento dado hacen una pausa y comparten ideas sobre la mejor manera de conseguir los peores resultados posibles con su proyecto. Se aprende mucho en la ironía. Cada una de estas prácticas estructuradas se puede adaptar a unas condiciones concretas, o modificarse según sea necesario. De entrada, no hay límite para desarrollar este tipo de prácticas estructuradas.

Creatividad a través del diseño

Como se ha sugerido, dos de los principales retos para la futura vitalidad de las organizaciones son la colaboración y la creatividad. La capacidad de coordinar múltiples voces y de responder al cambio continuo con acciones creativas es esencial. Ambos retos se abordan en uno de los movimientos más influyentes de nuestra época: el *design thinking*. Conscientes de los límites de la visión tradicional de la creatividad como algo alojado en la cabeza de un solo individuo, se hace hincapié en la creatividad como proceso de grupo. Si se pone en marcha el diálogo adecuado, es probable que se produzcan resultados creativos. Hay muchas aproximaciones al «tipo adecuado de diálogo» para la creatividad, pero la mayoría comparten una lógica similar. A partir de un objetivo deseable, como el lanzamiento de un nuevo producto, se organiza un equipo de diseño adecuado. Aquí es importante incluir a personas que difieran en sus áreas de especialización. El diálogo suele dividirse en cinco fases:

Descubrir. El equipo investiga en primer lugar las opiniones de quienes podrían verse afectados por la innovación. Por ejemplo, si se tratara de una nueva ratonera, ¿qué piensa la gente de sus ratoneras actuales? ¿Cuáles son sus ventajas y sus inconvenientes? ¿Qué podrían esperar? Aquí el equipo intenta comprender la situación desde la perspectiva de los usuarios potenciales.

Definir. Partiendo de la información recopilada en la primera fase, ¿cómo debe interpretarse? ¿Qué significa esta información en términos de diseño? Analizando los resultados y compartiendo opiniones, el equipo podría ver, por ejemplo, que la gente quiere trampas baratas, reutilizables y que no sean crueles.

Imaginar. El grupo se lanza a una lluvia de ideas sobre posibles diseños. Inspirándose unos en otros, la imaginación puede dispararse. Podrían preguntarse si es necesaria una trampa de verdad, ¿quizá haya olores nocivos para los ratones pero indetectables para los seres humanos? Al final, el equipo elige lo que considera una posibilidad factible y prometedora.

Prototipo. El siguiente reto es elaborar un diseño específico, o prototipo de la posibilidad elegida. Cómo sería, qué forma y tamaño tendría y demás. El prototipo se convierte entonces en la base para un modelo real.

Prueba. Por último, el modelo se pone a prueba. ¿Cuál es la experiencia del consumidor, por ejemplo? ¿Es mejor que lo que existe actualmente? ¿En qué se queda corto?

Este giro hacia la creatividad colectiva salta ahora del mundo corporativo al uso público. Los responsables políticos con visión de futuro lo ven como una posible vía para resolver los problemas de la sociedad.[6] Se podrían diseñar y probar alternativas a la política de partidos o al gobierno de la mayoría. Las posibilidades son de largo alcance.

Liderazgo relacional

Aumentar la participación activa y facilitar la colaboración son ingredientes cruciales para una organización viable. Sin embargo, sigue pendiente la cuestión del liderazgo. Con la vibrante dinámica de participación y colaboración, ¿cómo debemos conceptualizar el liderazgo? Las ideas tradicionales de liderazgo organizativo se centran en el individuo. Los buenos líderes se contraponen a los malos en función de rasgos individuales como el valor, la integridad, la humildad y la capacidad de inspirar. En las organizaciones que se entienden como máquinas, el líder debe gestionar el funcionamiento de los engranajes y aspirar a un alto rendimiento. Desde una perspectiva relacional, el énfasis en el líder individual está fuera de lugar; uno no puede inspirar o dirigir solo. En su lugar, nos volvemos sensibles al flujo de coordinación. En este caso, podemos considerar que *el líder participa de modo activo en el flujo para enriquecer su potencial.*

---

[6] Hassan, Z. (2014). *The social labs revolution: A new approach to solving our most complex challenges.* San Francisco: Barrett-Koehler.

En los escritos contemporáneos sobre liderazgo se observa cada vez más un viraje hacia un concepto relacional del liderazgo. Circulan ampliamente los conceptos y las prácticas de *liderazgo distribuido, liderazgo servicial, liderazgo humilde, liderazgo colaborativo, liderazgo de acción coordinada* y *liderazgo de equipo*. Aquí el énfasis se desplaza de los rasgos individuales de los líderes a su papel en los procesos de colaboración, empoderamiento, diálogo, toma de decisiones horizontal, reparto de responsabilidades, trabajo en red, aprendizaje continuo y mejora de las conexiones. En efecto, existe una preocupación profunda y generalizada por el proceso de relación. Podemos hablar de forma más inclusiva de *liderazgo relacional*.

En teoría, no hay ninguna razón de fondo para que las organizaciones tengan líderes designados: personas que ejercen de directores generales, presidentes, capitanes o jefes. Cualquiera que sea el resultado, la organización dependerá del proceso relacional. Sin embargo, la mayoría de las organizaciones del mundo actual están estructuradas jerárquicamente, con un único individuo situado en la cima. Quienes ocupan esos puestos se encuentran en una posición única. A diferencia de los demás, suelen estar en posición de iniciar la acción, de invitar a los demás a relacionarse de un modo concreto. Hay mucho que decir sobre este tema, pero nos centraremos en dos actividades destacadas:

Coordinar las coordinaciones: hacia una inteligencia colectiva

En lugar de tomar decisiones para que los demás las sigan, el liderazgo relacional debería ocuparse primero de los procesos de coordinación. Es obvio que esto significaría facilitar la participación comprometida que acabamos de comentar. Esto significa, sobre todo en las grandes organizaciones, que se pondrán en marcha múltiples «conversaciones». Aquí surge un nuevo reto de importancia crítica: *coordinar las coordinaciones.* ¿Todas estas «conversaciones» fluyen conjuntamente como un todo coherente? Esto ha sido un problema para las organizaciones que funcionan como máquinas. Como hemos visto, estas suelen estar divididas en subunidades, cada una con una función específica (operaciones, finanzas, recursos humanos, etc.). Y, como ya comentamos en el capítulo 2, a medida que los grupos se van formando, desarrollan sus propias concepciones particulares acerca de lo que es real, racional y bueno. Así pues, las formas de coordinación dentro de un grupo pueden ser saludables y vibrantes. Sin embargo, las realidades y valores creados dentro de un grupo determinado tienden a levantar barreras entre *nosotros* y *ellos*, entre «nuestras buenas ideas» y «su mal juicio». Así, por ejemplo, dentro del departamento de marketing de la organización, los objetivos y razonamientos compartidos pueden ser muy diferentes de los de los departamentos de producción o finanzas. El reto de liderar reside, pues, en coordinar estos mundos potencialmente diversos.

No existen prácticas perfectas de coordinación entre los diversos grupos de una organización. En las organizaciones que funcionan como una máquina, esto se solía conseguir mediante reuniones al más alto nivel entre los jefes de las distintas unidades. Sin embargo, quienes están en la cima de la jerarquía están limitados por las realidades que ellos mismos han construido. Muchas organizaciones mejoran la coordinación a través de redes electrónicas, manteniendo a todo el mundo «conectado». Pero el éxito depende en gran medida de si estas redes se limitan a transmitir información o permiten una colaboración sensible. Existen métodos formales para determinar el grado de coordinación entre las unidades de una organización.[7] De este modo, los líderes pueden localizar las brechas de comunicación que requieren atención. Pero la forma de reunir las unidades aún sigue abierta. Los debates anteriores sobre la facilitación de la participación y la colaboración generativas son, en este punto, muy pertinentes. Estos movimientos pueden facilitar una coordinación sensible en toda la organización. Sin embargo, hay que tener en cuenta las limitaciones de tiempo y las capacidades de diálogo. Se necesita una creatividad continua.

Un caso llamativo de coordinación de coordinaciones lo proporciona nada menos que el sistema militar. Los servicios militares suelen considerarse iconos de una forma de organización vertical y mecanicista. Los que están al mando dictan tanto la estrategia como la táctica, y la disciplina es absoluta. Hay que obedecer las órdenes, aunque parezcan descabelladas o inmorales. Sin embargo, como los líderes militares han empezado a ver, los conflictos son cada vez más VUCA, un acrónimo de las siglas en inglés que se refiere a entornos, *volátiles, inciertos, complejos y ambiguos*. En estas condiciones, la toma de decisiones es muy difícil. Las circunstancias cambian constantemente y las elecciones tienen consecuencias de vida o muerte. ¿Cómo se puede tomar una decisión racional? Ante este dilema, un general del Mando de Operaciones Especiales de Estados Unidos desarrolló un enfoque de *equipo de equipos* para la toma de decisiones en combate.[8] En este caso, la toma de decisiones se distribuyó entre las unidades sobre el terreno. Cada unidad se consideraba un equipo semiau-

---

[7] Gittell, J. H. (2009). *High performance healthcare: Using the power of relationships to achieve greater eficiency and resilience.* Nueva York: McGraw Hill.

[8] McChrystal, S. (2015). *Team of teams: New rules of engagement for a complex world.* Nueva York: Penguin.

tónomo, responsable de tener en cuenta las condiciones particulares en las que se encontraba y de deliberar sobre el modo de actuación más sensato. Sin embargo, cada equipo también tenía el reto de coordinarse con otros equipos y con la unidad de mando. Mediante el intercambio de información y opiniones, los equipos colaboradores pudieron funcionar como uno solo. Aunque pocas organizaciones se enfrentan a condiciones tan duras, la metáfora del equipo de equipos puede aplicarse ampliamente.

Es precisamente en este punto donde muchos especialistas en organizaciones encuentran útil pensar en términos de *inteligencia colectiva*. Solemos considerar que la inteligencia es propiedad de individuos particulares; toda la tradición de medir la inteligencia se basa en este supuesto. En este caso, sin embargo, se nos invita a considerar el grado en que una práctica colectiva produce decisiones inteligentes. Se trata, en gran medida, de una cuestión de coordinación de coordinaciones. Cada subgrupo podría tomar decisiones inteligentes, pero las relaciones entre ellos podrían conducir a un fracaso del conjunto. A modo de ejemplo, en una democracia puede existir un alto grado de coordinación *entre* varios partidos políticos. Sin embargo, si los partidos son fundamentalmente opuestos y se muestran antagónicos por sistema a la hora de tomar decisiones políticas, la inteligencia colectiva se ve amenazada. El diálogo degenerativo es la antesala del desastre colectivo.

Más allá de la eficacia: el bienestar y el mundo

Este capítulo se ha centrado de modo casi exclusivo en las formas en que un enfoque relacional de las organizaciones es esencial para su viabilidad continuada. En efecto, el debate se ha enfocado, sobre todo, hacia el objetivo de mejorar la eficacia de una organización. En esta sección final debemos ampliar el horizonte para considerar el bienestar humano, tanto dentro de la organización como en el mundo en general. La coordinación perfecta dentro de una organización no contribuye necesariamente al bienestar de los participantes. Los trabajadores de una cadena de montaje pueden estar coordinados de manera robótica, pero su bienestar sigue siendo una incógnita.

A este respecto, es útil considerar cómo se consigue el bienestar relacional a través de los tipos de prácticas propuestas en este capítulo. Por ejemplo, cuando los trabajadores participan de forma activa en la toma de decisiones, los aspectos relativos a su bienestar estarán ineludiblemente cerca. Las cuestiones de equidad, condiciones de trabajo, bienestar familiar y demás encontrarán el modo de salir a la luz. Además, una práctica como la Indagación Apreciativa es mucho más que un proceso de toma de decisiones colectivas. A medida que los participantes comparten historias con significado personal, se convierten en oyentes atentos y empáticos. En el caso de los diálogos con andamiaje, la práctica de Wise Crowds hace algo más que proporcionar asesoramiento desde múltiples perspectivas. Se potencian las relaciones de confianza y gratitud. Muchas prácticas de diálogo pueden ser eficaces para incorporar las voces minoritarias, crear un entendimiento mutuo y disolver las relaciones de poder. En el enfoque del equipo de equipos, el resultado suele ser la creación de respeto mutuo.

Es necesario innovar continuamente. Consideremos, por ejemplo, la práctica tradicional de un *informe de rendimiento*, la evaluación periódica del rendimiento laboral de los empleados. Al igual que los exámenes en las escuelas (capítulo 3), la evaluación es una fuente de ansiedad considerable. Nos define como objeto de inspección por parte de un superior, y nuestra adecuación y sentido de pertenencia quedan en entredicho. El informe también comunica a los empleados que compiten entre sí para ascender en la jerarquía. El resultado es, de nuevo, un distanciamiento entre colegas, en el que cada uno intenta parecer mejor que los demás. En resumen, la evaluación del rendimiento tradicional debilita el bienestar.[9]

Del mismo modo que los educadores experimentan con alternativas a la evaluación escolar, las organizaciones también están buscando alternativas a los informes de rendimiento. Están surgiendo múltiples iniciativas para reformular la evaluación del rendimiento como un proceso dialógico. Aunque los diálogos pueden ser más sensibles a las cuestiones de bienestar, la relación sujeto/objeto suele mantenerse. Lo más inspirador en este caso son las prácticas dialógicas que desplazan el centro de atención del rendimiento individual al proceso relacional en el que la persona interviene. Así, por ejemplo, en lugar de indagar en los puntos fuertes y débiles del empleado, el diálogo se centra en preguntas como: «¿Cómo *estamos* funcionando; cuáles son los puntos fuertes de la forma en que *trabajamos juntos*; qué *podríamos* mejorar en este proceso?». El miedo y la alienación se sustituyen por un sentimiento de solidaridad, y las cuestiones de coordinación pasan a ocupar un lugar central.

Participación positiva en el flujo global

Si las organizaciones se asemejan a conversaciones, no hay fronteras entre el interior y el exterior. Las conversaciones traspasan los límites para incluir a la comunidad local e ir más allá. En consecuencia, debemos considerar el bienestar del mundo más

---

[9] Culbert, S. A. (2010). *Get Rid of the Performance Review.* Nueva York: Business Plus.

amplio del que forma parte la organización. Queda mucho por decir sobre estas cuestiones, incluidas, por ejemplo, las relaciones con las familias de los empleados, la comunidad, otras organizaciones y el gobierno.

Este es también un contexto en el que la premisa de entidades separadas es cegadora. La orientación «yo primero» de la que hablamos en el capítulo 1 se ha convertido en un modo de vida aceptado. Especialmente en el mundo empresarial, se presta una atención primordial al bienestar de la organización y, en particular, a su «cuenta de resultados» económica. ¿Estamos prosperando? Esta orientación interesada se intensifica aún más con la expansión de las políticas neoliberales en Occidente y su preeminencia de la competencia económica. Desde una perspectiva relacional, estos puntos de vista no son solo cortos de miras, sino también peligrosos. Son cortos de miras, porque ninguna organización es independiente del proceso relacional más amplio del que forma parte. Cuando el proceso relacional se configura como una competición económica, su dirección última es degenerativa. Los ganadores se hacen más grandes y poderosos, mientras que los perdedores desaparecen. El florecimiento de las cadenas de establecimientos multinacionales y la consiguiente desaparición de las tiendas familiares es solo un ejemplo. Pero la devastación es más letal en este caso. La exigencia de conseguir beneficios cada vez mayores ha hecho que el medio ambiente también se encuentre entre los perdedores. Si seguimos con la guerra competitiva de todos contra todos, al final pocas cosas quedarán en pie.

No se trata de un tema nuevo, y continúa la búsqueda de formas en que las organizaciones puedan contribuir a un futuro sostenible. En muchos países, el camino más obvio hacia la sostenibilidad pasa por las relaciones transaccionales. Si las organizaciones obtienen beneficios, deben devolver una cierta proporción a la sociedad. Los impuestos son la vía obvia en este caso, y los fondos se destinan a apoyar las grandes infraestructuras (por ejemplo, saneamiento, carreteras, seguridad). Sin embargo, las organizaciones se parecen mucho a los individuos en su manera de entender los impuestos. Los impuestos son un gasto y se intenta pagar lo menos posible. La sociedad sigue siendo una carga incómoda. Las empresas con un espíritu más público recurren a las relaciones benévolas, contribuyendo voluntariamente a organizaciones benéficas de diversos tipos. Sin embargo, aunque la caridad hace una contribución significativa al mundo en general, su importancia sigue dependiendo de la buena voluntad continuada de las organizaciones. Como también sugieren los críticos, aunque ofrecen parches útiles, las organizaciones benéficas no pueden abordar las fuentes del sufrimiento, como la pobreza sistémica o los prejuicios raciales.

No hace falta decir que reconfigurar el proceso relacional sigue siendo un reto vital para el futuro. Volveremos sobre esta cuestión en el capítulo siguiente. Pero concluyamos aquí con una innovación energizante: la iniciativa Business as an Agent for World Benefit.[10] Su objetivo es apoyar y estimular el desarrollo de empresas con lo que puede considerarse un triple resultado final: viabilidad económica, bienestar humano y florecimiento medioambiental. Cada año se conceden los «Premios Flourish» a empresas que ejemplifican estos ideales. Por ejemplo, entre las ganadoras encontramos a la empresa AeroFarms, que desarrolla métodos innovadores de agricultura. Su misión particular es producir hortalizas de alta calidad con menos consumo de agua, sin pesticidas y con mayor rendimiento. También ofrecen programas de formación sobre el uso y desarrollo de estas innovaciones. La segunda ganadora, LuminAID, crea lámparas solares prácticas y asequibles. Estas lámpa-

---

[10] https://weatherhead.case.edu/centers/fowler/

ras son especialmente útiles en países empobrecidos con escasa energía eléctrica o afectados por catástrofes naturales. Estas fuentes de luz renovables se utilizan ya en 100 países de todo el mundo. El bienestar de las organizaciones y el bienestar mundial convergen ahora.

Otros recursos

Barrett, F. (2012). *Yes to the mess: Surprising leadership lessons from jazz.* Cambridge: Harvard Business Review Press.

Belden-Charles, G., Willis, M. y Lee, J. (2020). Designing relationally responsive Organizations. En S. McNamee, M. M. Gergen, C. Camargo-Borges y E. F. Rasera (Eds.*), The Sage handbook of social constructionist practice.* Londres: Sage.

Bushe, G. y Marshak, R. (Eds.) (2015). *Dialogic organization development: The theory and practice of transformational change.* Noida: Berrett-Koehler Publishers, Inc.

Coleman, D. y Levine, S. (2008). *Collaboration 2.0: Technology and best practices for collaboration in Web 2.0 world.* Cupertino, Estados Unidos: Happy About Books.

Gaynor, G. (2002). *Innovation by design: What it takes to keep your company on the cutting edge.* Nueva York: AMACOM.

Haslebo, G. y Haslebo, M. L. (2012). *Practicing relational ethics in organizations.* Chagrin Falls, Estados Unidos: Taos Institute Publications.

Hernes, T. (2014). *A process theory of organization.* Nueva York: Oxford University Press.

Hersted, L. y Gergen, K. J. (2013). *Relational leading: Practices for dialogically based collaboration.* Chagrin Falls, Estados Unidos: Taos Institute Publications.

Hornstrup, C., Loehr-Petersen, J., Madsen, J. G., Johansen, T. y Jensen, A. V. (2012). *Developing relational leadership: Resources for developing reflexive organizational practices.* Chagrin Falls, Estados Unidos: Taos Institute Publications.

Kaner, S. (2014). *Facilitator's guide to participatory decision making*. San Francisco: Jossey-Bass.

Madsen, C. O., Larsen M. V., Hersted, L. y Rasmussen, J. G. (2018). *Relational research and organizational studies*. Londres: Routledge.

Sawyer, K. (2007). *Group genius: The creative power of collaboration*. Nueva York: Basic Books.

Uhl-Bien, M. y Ospina, S. (Eds.) (2012). *Advancing relational leadership theory: A Dialogue among perspectives*. Charlotte, Estados Unidos: Informational Age.

Verheijen, L., Tjepkema, S. y Kabalt, J. (2020). *Appreciative Inquiry as a daily leadership practice*. Chagrin Falls, Estados Unidos: Taos Institute Publications.

Capítulo 6
Conflicto, control y el imperativo relacional

Estamos unidos por la misma trama del destino, atrapados en una red ineludible de reciprocidad. Y lo que afecta directamente a uno, afecta indirectamente a todos.

Martin Luther King, Jr.

Al desplazar el foco de atención de los individuos a los procesos relacionales, promovemos prácticas que aportan vida en la educación, la sanidad y las organizaciones. Y dichas prácticas son fundamentales en un mundo de cambios rápidos y globales. Estas son algunas de las conclusiones extraídas de los tres últimos capítulos. Tales innovaciones inspiran esperanza y confianza en nuestro potencial para cocrear futuros más positivos. Sin embargo, el proceso relacional no garantiza por sí mismo ninguno de estos resultados. De hecho, las formas de mecanización y deshumanización que imperan en escuelas, empresas y sistemas sanitarios son en sí mismas cocreadas. Y también las espirales degenerativas y descendentes, como el acoso, la corrupción política, la opresión racial y la guerra, son subproductos irreflexivos de la coordinación relacional.

Así pues, la cuestión no es si nuestras formas de vida dependen de un proceso relacional, sino si las maneras actuales de relacionarnos fomentan el bienestar humano y medioambiental. ¿A quién benefician, quién las sufre y cómo afectan a la vida planetaria? Estas cuestiones deben abordarse de forma continua, ya que las condiciones del mundo cambian a un ritmo vertiginoso. Las «buenas ideas» de ayer pueden ser los males de hoy. Además, las tecnologías hacen que cualquier acción pueda «globalizarse» instantáneamente. Entonces, ¿cuál es la forma óptima de vida?, ¿para quién y durante cuánto tiempo permanecerá así? En un mundo de realidades y valores plurales, debemos desconfiar de las respuestas «sólidas» a estas preguntas y celebrar nuestra búsqueda continua y conjunta.

Así pues, este último capítulo está dedicado a una tensión fundamental que no deja de preocuparnos. Se podría ver como una tensión entre el caos y el control, la libertad y el orden o la fragmentación y la unidad. Sin embargo, aquí abordaremos el asunto en términos de tensión entre paz y conflicto. Por una parte, esto nos permitirá reunir algunos de los temas conceptuales y prácticos de los capítulos anteriores. Al mismo tiempo, abrirá la puerta a una de las cuestiones más candentes de la actualidad: la gobernanza. Las antiguas prácticas de gobierno no solo están perdiendo eficacia, sino que se están convirtiendo en amenazas para el bienestar mundial. Una orientación relacional es imperativa.

Paz y conflicto: el delicado equilibrio

En términos generales, siempre habrá dos procesos estrechamente relacionados que actúan en el mundo social. En primer lugar, existe un movimiento hacia una mayor coordinación, hacia un acuerdo común, una forma de vida valorada o, en pocas palabras, un estado de paz. En la mayoría de los ámbitos de la vida, nos esforzamos por lograr una coordinación armoniosa. A medida que se desarrollan formas agradables de coordinación, puede surgir un modo de vida fiable: nuestro modo de vida. Un buen estilo de vida, una tradición. También podemos poner nombre a estas formas de vida: amistad, la familia Smith, nuestra comunidad, la empresa Argo, etcétera. Los centros de coordinación se identifican, de este modo, como unidades. A medida que estos centros de coordinación se desarrollan, también se generan tendencias para sostenerlos, protegerlos, honrarlos, hacerlos crecer y enriquecerlos.

Estas mismas tendencias familiares y reconfortantes encuentran invariablemente obstáculos: interrupciones, interferencias o amenazas. Desde una hija adolescente contraria a las reuniones familiares, un trabajador descontento que se opone a una política de empresa o un gobierno deshonesto que incumple un acuerdo de paz internacional. La armonía da paso a la discordia. Pero es importante tener en cuenta que estas perturbaciones no surgen de la nada. Todas son acciones inteligibles dentro de una esfera de relación: las relaciones de la hija con sus amigos, la del trabajador con su familia o la del gobierno errático que percibe una amenaza. También son el resultado de una actividad coordinada, de personas que intentan construir, mantener o defender un modo de vida. Irónicamente, a medida que la gente crea realidades, racionalidades y moralidades aceptables en todas partes, también planta las semillas de la discordia. Allí donde existe una forma de vida valorada, se genera de modo simultáneo una forma de vida exterior, menos valorada, o una amenaza para el bien. Toda forma de vida valorada entra en conflicto potencial con otras formas de vida. Desde una perspectiva relacional, el conflicto no es una desviación inusual de lo normal; es un resultado común de los pueblos de todo el mundo que avanzan hacia formas de coordinación más satisfactorias.

Las implicaciones son significativas. En primer lugar, no debemos suponer que el conflicto es inherentemente una desviación de la paz. La paz y el conflicto van de la mano, son el resultado más o menos natural de la creación conjunta de modos de vida. Además, el conflicto esconde un potencial positivo. Por un lado, cuando hay conflicto, hay múltiples bienes en juego, valores plurales que surgen de diferentes tradiciones de creación de significados. En este sentido, el conflicto representa una oportunidad de aprendizaje. «¿Qué encuentran ellos de bueno que a nosotros se nos escapa? ¿Cómo podemos compartir de forma que todos nos enriquezcamos?». Al final, cuando las condiciones son pacíficas por completo, hay que ser precavidos. Esto puede ser un signo de injusticia sistémica, donde la gente ha dejado de reflexionar sobre quién gana y quién pierde con las condiciones aceptadas. Peor aún, una paz perfecta puede esconder una opresión perfecta. En muchos contextos, desafiar el *statu quo* es un riesgo letal.

Como vemos, el reto de la humanidad no es alcanzar una paz eterna y satisfactoria en la tierra. Como cantaba Leonard Cohen, «Hay una grieta en todos lados; así es como entra la luz». Por el contrario, el reto inicial es generar los medios para que las formas de vida en conflicto no destruyan por completo la posibilidad de cocrear sentido. Estamos llegando a un punto de la historia en el que la aniquilación mutua está en el horizonte. El segundo reto es más inspirador: ¿Cómo podemos sustituir la caída en un conflicto corrosivo por formas de vida más inclusivas y florecientes?

Conflicto y cocreación: un enfoque relacional

Para responder a estos retos críticos, pensemos primero en el tipo de prácticas que heredamos del pasado. ¿Qué formas relacionales hemos cocreado los seres humanos para abordar los conflictos? A lo largo de los siglos, destacan tres grandes tradiciones. La forma más común y primitiva de tratar a los que discrepan o interfieren es el *castigo*. Físicamente, esto puede significar cualquier cosa, desde golpear, azotar, encarcelar o torturar hasta la eliminación. Todas estas opciones siguen existiendo hoy en día, y la lista continúa ampliándose: desde el rechazo a la humillación, pasando por la guerra cibernética.

Como segunda opción, y una alternativa preferible al castigo, también hemos heredado formas de *negociación*. En este caso, las partes en conflicto llegan a acuerdos que permiten a cada una obtener una fracción de lo que valora. Los padres suelen negociar con sus hijos del mismo modo que los directivos negocian con los sindicatos o las naciones negocian para salir de situaciones de amenaza letal. En el siglo xx surgió un tercer gran enfoque para resolver conflictos: la *argumentación lógica*. Gracias sobre todo a los avances de la ciencia, parecía razonable suponer que, cuando hay puntos de vista enfrentados, una evaluación lógica de los hechos indicaría el camino hacia una solución justa. Son ilustrativos los procedimientos judiciales, cuyas sentencias deben depender del razonamiento y las pruebas.

Desde un punto de vista relacional, ninguno de estos enfoques es muy prometedor para el futuro. Incluso cuando hay soluciones en apariencia pacíficas, todas estas perspectivas sostienen el supuesto de unidades separadas, un *yo* contra *ti*, o un *nosotros* contra *ellos*. Se puede crear la paz castigando o encarcelando al discrepante, pero la alienación, la sospecha, el miedo y la resistencia seguirán existiendo. En el caso de la negociación, puede que los participantes lleguen a un «acuerdo» satisfactorio, pero cada uno seguirá pensando fundamentalmente en su propio beneficio. La paz solo prevalecerá mientras los términos del acuerdo sigan siendo útiles para ambas partes.

En cuanto a los argumentos racionales, solo pueden alcanzarse soluciones satisfactorias mientras todas las partes estén de acuerdo en las premisas. Por ejemplo, un hecho es un hecho solo mientras haya acuerdo sobre las presuposiciones. Podemos estar comúnmente de acuerdo en que «el semáforo estaba en rojo», mientras que un psicólogo nos dirá que estamos equivocados: «El color no es una propiedad del mundo, sino de la luz reflejada en la retina». Del mismo modo, el debate sobre el aborto no puede resolverse recurriendo a los hechos, porque las partes en conflicto no se ponen de acuerdo sobre si un óvulo fecundado es un ser humano. Esa cuestión no puede resolverse mediante la razón y la observación. Además, en los tribunales, los jueces y los jurados no solo se mueven por la lógica y los hechos, sino también por sus opiniones sobre la justicia, los valores y la moral. Los «buenos argumentos» nacen dentro de tradiciones de relación.

Formas relacionales para construir la paz

Aunque parezca «simplemente natural» utilizar la fuerza, negociar o discutir, no debemos olvidar que estas son invenciones humanas. Ninguna de ellas es obligatoria; todas son opcionales. Y lo que es más importante, podemos crear nuevas formas relacionales. Así, por ejemplo, muchas batallas legales se han evitado gracias a la invención de la mediación. Las prácticas de mediación se basan en el supuesto de que, para muchos conflictos, un mediador externo puede ayudar a encontrar formas menos contenciosas de resolver las diferencias. Desde una perspectiva relacional, las preguntas del teórico de la comunicación Barnett Pearce dan en el clavo:

- ¿Qué estamos haciendo juntos?
- ¿Cómo lo estamos haciendo?

- ¿En qué nos estamos convirtiendo mientras lo hacemos?
- ¿Cómo podemos crear mundos sociales mejores?[1]

Aunque la construcción de la paz sea nuestro objetivo —lo que deseamos lograr—, la cuestión sobre cómo lo hacemos conjuntamente es crucial. Se trata en esencia de la invitación a crear formas o prácticas de relación. Es en este proceso donde los participantes asumen identidades y características. Una práctica que entienda a los participantes como ganadores y perdedores puede lograr la paz, pero a costa de una alienación duradera. Si prestamos atención a la práctica relacional, podremos generar mundos sociales mejores.

Los capítulos anteriores han demostrado cómo la creación de nuevas prácticas relacionales ha mejorado los mundos de la educación, la sanidad y las organizaciones. Dada la centralidad del conflicto y sus consecuencias en nuestras vidas, la búsqueda de nuevas formas de continuar ha sido creciente. Aunque al final del capítulo se incluyen varios recursos, resulta útil considerar aquí algunas de las lógicas que han sido fundamentales para las innovaciones en un sentido relacional. Al centrarnos en ellas, también contribuiremos a enlazar los temas centrales de los capítulos anteriores. Aquí trataremos cinco lógicas específicas y sus aplicaciones prácticas:

Desalentar los bailes degenerativos: «No vayamos por ahí». Cuando el conflicto se entiende en términos de antagonismo, una parte contra otra, provocamos un diálogo de menosprecio mutuo. Es decir, a los participantes les parecerá normal culparse, criticarse o maltratarse verbalmente. Como vimos en el capítulo 2, estos

---

[1] Pearce, B. (2007). *Making social worlds: A communication perspective.* Oxford: Blackwell. p. 53.

movimientos agresivos en una conversación propician el contra-ataque; y a partir de ahí, un deslizamiento degenerativo hacia el antagonismo y la separación. Al advertir el peligro de esta danza relacional, los innovadores han creado formas de diálogo que inhiben o desalientan los escenarios degenerativos. Esto se consigue de dos maneras principales. La vía indirecta es habitual en la vida cotidiana: evitamos hablar de temas sobre los que no estamos de acuerdo. Entendemos que «ir por ahí» podría conllevar amargura y el fin de una amistad. En las prácticas de consolidación de la paz, esto significa a menudo evitar la confrontación directa con el asunto sobre el que hay desacuerdo –al menos durante un tiempo– e invitar a los participantes a actividades más agradables. Esto podría significar, por ejemplo:

- Presentaciones personales en las que los participantes hablan de su vida familiar o historia personal.
- Compartir una comida juntos.
- Colaborar en un proyecto conjunto.
- Dirigir la conversación hacia los retos cotidianos a los que se enfrentan.

Los innovadores también han desarrollado medios más directos de inhibir el deslizamiento hacia la alienación. Por ejemplo, esto se puede conseguir a través de:

- Restringir a los participantes a hablar sobre ellos mismos (mi percepción de la situación, sentimientos, deseos, motivos, etc.), en lugar de caracterizar al otro como la causa del problema. Esto tiende a evitar la búsqueda de infractores («¡lo que tú hiciste!») y la culpabilización mutua.
- Restringir la conversación a casos concretos, en lugar de a principios abstractos («mi derecho a hacer esto»). Así se

evitan las interminables e insolubles discusiones sobre derechos, deberes o principios éticos abstractos.

Propiciar escenarios generativos. Como hemos propuesto, nuestras formas de dar sentido juntos son como danzas. Son pautas de colaboración que a menudo se normalizan. Cuando uno es agredido verbalmente, es «simplemente natural» contraatacar. Y, como los bailes, están abiertos a la improvisación y la invención. Introducir un nuevo movimiento en la danza en curso altera el patrón «natural» e invita al otro a la innovación. Por ejemplo, el ideal cristiano de «poner la otra mejilla», en respuesta al ataque de otro, puede interrumpir el interminable ciclo de venganza y contra-venganza. Las disrupciones productivas en los escenarios normales de antagonismo son útiles en la construcción de la paz. Pensemos, por ejemplo:

- Proponer que el conflicto es una oportunidad para lograr una mayor comprensión.
- Llamar la atención sobre el propio intercambio. Por ejemplo: «¿Realmente queremos tratarnos así? ¿Podemos parar un momento y preguntarnos si no hay una forma mejor de resolver este problema?».

Además de alterar lo común, los promotores de la paz también han abierto la puerta a la creación de nuevos escenarios relacionales. Quizá el más visible de ellos esté surgiendo en el dinámico campo de la *justicia reparadora*. Mantener la paz mediante sistemas de justicia suele basarse en el castigo: desde regañar a los niños rebeldes, hasta expulsar al abusón de la escuela o encarcelar a los infractores de la ley. Estas formas punitivas de proceso relacional son primitivas y alienantes para todos los implicados. Los programas de justicia reparadora se dedican a recomponer las relaciones. Intentan reconciliar a los agresores con las víctimas e integrar al agresor en la comunidad. Un escenario ampliado, en este caso, podría incluir los siguientes pasos:

- *Encuentro*. Quienes han sufrido a causa de las acciones del agresor hablan de los efectos de estas acciones en sus vidas: su malestar y el de otros que han sufrido. Al escuchar estas historias, el agresor suele empatizar con la víctima.
- *Reparar el daño*. El agresor acepta la responsabilidad de sus actos y pide disculpas.
- *Reintegración*. Las víctimas y el agresor discuten cómo pueden seguir adelante juntos; se hacen planes para reintegrar al agresor en la comunidad.

Hay muchas variaciones en las prácticas de justicia restaurativa, y estos programas han tenido un gran éxito en la resolución de conflictos en las escuelas y en la reinserción de infractores penales en la vida comunitaria. Como suele ocurrir, estos programas pueden crear un sentimiento de solidaridad comunitaria. Ahora surgen programas de formación en escuelas y ciudades de todas las latitudes.

Crear nuevas realidades: «No es lo que pensábamos». En la mayoría de las situaciones de conflicto, las partes enfrentadas ponen sobre la mesa distintas formas de entender el mundo. Cada uno entenderá el mundo de una manera que justifique su posición. Sin embargo, si estas orientaciones divergentes nacen dentro de un proceso relacional, pueden cambiarse por los mismos medios. Como vimos en el capítulo 4, muchas escuelas de terapia han hecho de la reconstrucción de la realidad una pieza central de su práctica. La terapia se dedica a alimentar formas más prometedoras de entender el yo y el mundo.

En la consolidación de la paz, esta línea de razonamiento ha llevado al desarrollo de la *mediación narrativa*. La comprensión del mundo se representa en narraciones o historias sobre «qué llevó a qué». En este sentido, cada protagonista pone sobre la mesa una historia que le justifica: «por esto yo tengo razón y tú no»[2]. Sin embargo, al indagar minuciosamente en estos relatos, el mediador localiza casos o experiencias que no encajan en la historia. «Bueno, hubo un momento en el que tenías razón…» o «sí, supongo que tengo parte de culpa de esto…». Al debatirlas más a fondo, se desestabiliza la historia dominante y se construye un andamiaje para desarrollar narrativas alternativas. Con la ayuda del mediador, las partes empiezan a trabajar juntas en la elaboración de una nueva historia sobre lo ocurrido, una historia a partir de la cual puedan construir un futuro más prometedor. «Quizá nuestro desacuerdo era inevitable, pero ahora que lo vemos, me pregunto si podemos dejar atrás la historia…».

Otras prácticas para cocrear nuevas realidades incluyen:

- Invitar a los participantes a hablar de lo que valoran en el otro. Esto es muy útil para romper la tendencia a presentar a la otra parte como «totalmente mala». Esta actividad novedosa también puede desactivar el escenario de la culpa mutua.
- Contar una historia de cuando las cosas iban bien entre ambos.
- Imaginar un futuro en el que el conflicto haya desaparecido; describirlo con detalle y discutir juntos los medios para lograr este resultado.

---

[2] Winslade, J. y Monk, G. (2000). *Narrative mediation: A new approach to conflict resolution.* San Francisco: Jossey-Bass.

Crear conciencia de lo común: «Estamos juntos en esto». Estrechamente relacionada con las prácticas de creación de nuevas realidades está la acentuación de lo común. Si el conflicto se entiende de modo tradicional en términos de antagonistas, una vía hacia la paz consiste en hacer visibles las formas por las que las partes no son antagónicas. Aún más eficaz es resaltar los valores u objetivos que las unen. Así, los líderes gubernamentales suelen intentar unir a una nación sumida en conflictos internos a través de la localización de una amenaza externa. Del mismo modo, se advierte a la policía que tenga cuidado en sus intentos de sofocar las disputas domésticas, porque los miembros de la pareja que se gritan mutuamente pueden unirse y dirigir sus insultos al agente que interfiere. Por supuesto, reducir el conflicto encontrando un enemigo común no es lo ideal: solo cambia el foco del conflicto. Entre las innovaciones más prometedoras para enfatizar lo común se encuentran:

- Generar un debate sobre los objetivos comunes y la forma de alcanzarlos. Esta discusión puede ser especialmente útil si dichos objetivos solo pueden alcanzarse resolviendo el conflicto actual.
- Explorar juntos momentos en los que cada uno se ha enfrentado a condiciones difíciles que el otro también ha experimentado.
- Invitar a los antagonistas a hablar sobre las dudas que tienen en su posición o los méritos que encuentran en la posición del otro. En ambos casos, sus intervenciones sacarán a la luz sus áreas de acuerdo.
- Abrir la discusión con un periodo de silencio, trayendo a la conciencia un sentido de conexión espiritual, una unidad.
- Trabajar juntos en algo que ambos valoran.

Convertirse en el Otro: «Tú y yo somos uno». Una última lógica para restaurar la paz se basa en la práctica tradicional de compartir narraciones, o de manera más sencilla, de contarse historias unos a otros. Es importante señalar que, cuando se escuchan relatos, existe una tendencia común a imaginarse a uno mismo como protagonista. Uno puede sentirse en privado como el héroe, el amante, el detective, el huérfano, etc. Es precisamente esta tendencia la que dota de dramatismo a las historias: «¡Estoy en peligro!». Y cuando escuchamos a un amigo contar una aventura, empezamos a «sentir con» o, en cierto sentido, a «convertirnos en el amigo». Esto tiene implicaciones relevantes para la consolidación de la paz. Con una cuidadosa previsión, pueden establecerse las condiciones para que uno o ambos antagonistas compartan sus experiencias personales relacionadas con el conflicto. Uno de ellos puede revelar el sufrimiento de «cómo ha sido mi experiencia…» como refugiado, transexual, víctima de una violación o víctima de acoso. El oyente puede así imaginarse en las circunstancias del otro y ponerse en su lugar.

Las prácticas de justicia reparadora se basan en gran medida en este tipo de relatos personales. Se hace un uso más específico en las prácticas de *testimonio externo*, un avance significativo en el uso del llamado *story-telling*.[3] En este caso, un entrevistador invita a una persona afectada a contar su historia personal en presencia del antagonista o del testigo. Por ejemplo, el relato puede centrarse en cómo las acciones del antagonista han causado un sufrimiento prolongado a esa persona y a su familia. A continuación, el entrevistador pide al testigo que vuelva a contar lo que

---

[3] Carey, M. y Russell, S. (2003). Outsider-witness practices: Some answers to commonly asked questions. *International Journal of Narrative Therapy and Community Work.* 3-16.

ha escuchado, posiblemente haciendo hincapié en los elementos de la historia que parecían más importantes y que le han ayudado a entender mejor la vida del otro. En este intercambio, el testigo hace algo más que escuchar la historia; al volver a contarla, «se convierte en el otro». Además, la persona afectada ve cómo el otro absorbe su historia. El proceso también puede ampliarse, de modo que la víctima haga comentarios sobre la narración del testigo y las reflexiones que este pueda ofrecerle para el futuro. Este tipo de testimonio recíproco contribuye a la comprensión mutua y a un diálogo más productivo.[4]

Estas cinco lógicas han protagonizado muchas prácticas innovadoras de construcción de la paz con sensibilidad relacional. Ninguna de las prácticas debe considerarse fuera de su contexto histórico o cultural. Algunas también pueden utilizarse en combinación con otras, pero la forma en que encajan en el flujo relacional requiere prestar mucha atención al tiempo y a las circunstancias. Esto también sirve para fomentar la innovación y el intercambio. Así como las condiciones culturales cambian con el tiempo, también es necesaria una creatividad continua. El mensaje principal de todo esto es la importancia fundamental de la *forma del proceso relacional* a la hora de reducir, resolver y mejorar los conflictos.

Hacia una gobernanza relacional

Los procesos de consolidación de la paz exigen una atención continua. Esto es especialmente necesario en lo que respecta al reto

---

[4] Tochluk, S. (2010). *Witnessing whiteness: The need to talk about race and how to do it.* (2ª ed.). Lanham, Estados Unidos: R&L Education.

cada vez más complejo y trascendental de la *gobernanza*, es decir, el proceso de garantizar la continuidad de una forma aceptable de vida colectiva. En el contexto actual, podemos entender esto como el mantenimiento de una condición de coordinación relacional. Para abrir el debate, pensemos en una pareja de recién casados que se enfrenta a los detalles de generar una forma armoniosa de vida en común. ¿Quién cocinará, limpiará y pagará las facturas? ¿Cómo pasarán las noches y los fines de semana? Pequeñas preguntas, pero su felicidad depende de que lleguen a un punto de coordinación satisfactoria. Los teóricos suelen referirse a este proceso como *autoorganización*, un término que puede aplicarse en contextos que van desde dos personas a la totalidad de los pueblos de la Tierra.

Conforme se logra la coordinación, empieza a surgir un «modo de vida» aceptable o valorado. El reto de la gobernanza es esencialmente mantener este modo de vida. Así, en el caso de que los recién casados consigan autoorganizarse, ¿cómo mantendrán el modo de vida que han construido cuando les visiten los suegros, la vida laboral se vuelva estresante o se formen nuevas amistades? ¿Utilizarán la crispación y la culpa, discutirán o establecerán normas? En esencia, se trata de prácticas de gobernanza. En las comunidades, procesos informales como el chisme y la exclusión pueden servir para mantener el orden; de manera más formal, pueden hacerlo las ordenanzas y la vigilancia policial. Cuando se establece una institución para garantizar la protección y el mantenimiento de las pautas de relación valoradas, podemos hablar de gobiernos, desde el ámbito local y regional hasta el nacional e internacional.

La cuestión importante es el proceso mediante el cual dichas instituciones gobiernan. Al igual que los recién casados y las comunidades, ¿cómo mantienen el orden los gobiernos? Esto puede ser bastante fácil cuando existe un acuerdo amplio y estable sobre qué es «la buena forma de vida». En estas condiciones, uno podría estar de acuerdo en que «cuanto menos gobierno, mejor». Sin embargo, volvamos aquí a la discusión anterior sobre los ordenamientos múltiples y la aparición de conflictos. Cuando una comunidad se compone de múltiples enclaves –étnicos, religiosos, económicos, etc.–, cada uno con sus formas de vida preferidas, la gobernanza resulta difícil. Y cuando las condiciones de vida cambian continuamente –económicas, medioambientales, tecnológicas y demás–, las complejidades se acentúan. Pensemos ahora en la preocupación constante en este libro por el cambio rápido, impredecible y con múltiples repercusiones. Opiniones y valores que se forman y se reforman, derechos y deberes en disputa por todas partes, oportunidades que surgen y desaparecen, nuevos flujos de personas e información… ¿Los gobiernos están a la altura de tales desafíos? El malestar social, las protestas encendidas y la insurrección son moneda corriente en el mundo actual. Y si las instituciones actuales son inadecuadas, ¿qué significa esto para la supervivencia a escala mundial?

Gobernanza: divididos nos hundimos

Desde siempre, todas las formas de gobierno han sido criticadas: la democracia, la autocracia, la oligarquía, el totalitarismo, etc. Como dijo una vez Winston Churchill: «La democracia es el peor sistema de gobierno que se ha inventado, a excepción de todas las demás formas que se han probado». Aquí es importante observar que cuando entendemos el gobierno como una entidad determinada con responsabilidades específicas estamos, una vez más, asumiendo un mundo de separaciones. Así, suponemos que los gobiernos son *entidades más o menos delimitadas*, con un dentro y un fuera. Nosotros, los ciudadanos, somos los de fuera, y ellos, los que toman las decisiones, están dentro. Las puertas pueden estar abiertas o cerradas a voluntad del órgano de gobierno. Haciéndonos eco de lo expuesto en el capítulo 1, nos enfrentamos a una serie de resultados desafortunados. Por ejemplo, como entidades limitadas, los gobiernos tienden a:

- *Desarrollar realidades y lógicas «internas»* que pueden estar alejadas del exterior público. La visión interna de «lo que es bueno para la sociedad» puede no coincidir con vastos sectores del público.
- *Generar recelos públicos* sobre los motivos y la racionalidad de sus decisiones. Habrá muchos en el exterior que consideren ciertas decisiones o medidas políticas insensatas, limitadas, inhumanas o interesadas. Se fomenta así en la población la sensación de que «somos nosotros contra ellos».
- *Adoptar una orientación de causa y efecto* en la elaboración de políticas, en la que «nosotros», el órgano de gobierno, hacemos que «ellos», la población, actúe como mejor nos parezca. Esta orientación, a menudo denominada *gubernamentalidad*, funciona de forma impersonal e insensible.[5] Deshumaniza a las personas tratándolas como objetos que hay que moldear y controlar. El resultado suele ser la irritación y la resistencia pública, o bien la pasividad dócil.
- *Promover su propia fuerza y poder.* Quienes forman parte del gobierno suelen buscar medios para mantener o ampliar sus posiciones de poder. En efecto, buscan su interés, mientras que las inversiones dedicadas al bien público pasan a un segundo plano.

---

[5] Rose, N., O'Malley, P. y Valverde, M. (2009). Governmentality. *Annual Review of Law and Social Science*, 2, 83-104.

Muchos lectores pueden identificar enseguida estos resultados en sus propias vidas. Los problemas se intensifican cuando hay partidos políticos enfrentados, cada uno de los cuales busca la dominación. La deliberación minuciosa sobre cuestiones políticas complejas será sustituida por argumentos unilaterales, en los que las realidades y la lógica de un bando serán sistemáticamente despreciadas por el otro. Una vez más, se sacrifica la preocupación por el bien público. Cuenta «lo que es bueno para el partido», y no «lo que es bueno para el pueblo». Otras dificultades se derivan del propio proceso de votación, ya que incita a los individuos a pensar sobre todo en «lo que yo quiero», en contraposición al bien público.

Cuando pasamos a la gobernanza global, nos damos cuenta de la imperiosa necesidad de innovación. Las demandas de colaboración internacional nunca han sido mayores. Nos enfrentamos a problemas de alcance mundial en materia de economía, salud, justicia, medio ambiente y muchos más. Todas estas cuestiones están relacionadas entre sí; todas tienen consecuencias que amenazan la vida. Y, sin embargo, en nuestros esfuerzos por abordar estos retos, nos basamos principalmente en una concepción de gobiernos *independientes*. Y es este supuesto de separación el que invita a cada Estado nación a ocuparse sobre todo de su propio bienestar. Así, a pesar de las guerras mundiales, las amenazas atómicas, los virus devastadores y el deterioro del medio ambiente, las naciones del mundo siguen desconfiando unas de otras, enzarzadas en una competencia y un conflicto sin tregua. La supervivencia planetaria está en peligro.

Perspectivas de la gobernanza relacional

Aquí entramos en un territorio nuevo y relativamente inexplorado: la *gobernanza relacional*. ¿Qué significaría para la práctica de gobernar si la enfocáramos desde un punto de vista relacional? No es una pregunta ociosa, sobre todo en un contexto de creciente polarización política, disturbios civiles masivos, violencia policial e intervención militar en la vida pública. Además, la tecnología digital y las redes sociales permiten el rápido surgimiento de organizaciones de base, cada una con sus propios valores y visión del mundo. Los movimientos populares incitan e intensifican los conflictos sociales y desestabilizan a los gobiernos.

Es importante destacar que estas condiciones de agitación también han dado lugar a una curiosidad y creatividad generalizadas. Cada vez hay más intentos de explorar nuevas formas de gobernanza alternativa. Lo más fascinante es el parecido que caracteriza a una amplia variedad de movimientos y experimentos sociales de todos los rincones del mundo. Pensemos, por ejemplo, en los movimientos de cogobernanza, gobernanza colaborativa, Nueva Gobernanza Pública, gobernanza participativa, parlamento popular, estado relacional, etc.[6] Entre sus características más destacadas se encuentran:

- *Participación inclusiva.* Una preocupación fundamental es el creciente sentimiento de frustración entre la ciudadanía por no tener voz en las decisiones que configuran su futuro. Se buscan medios eficaces para ampliar la participación activa de las personas en la toma de decisiones políticas. En estos intentos se atenúa la separación entre *el* gobierno y *la* población.
- *Toma de decisiones descentralizada.* Dada la vasta complejidad y las condiciones de rápido cambio, las «políticas para

---

[6] Otros movimientos son la toma de decisiones basada en el bien común, el movimiento cooperativo, la democracia deliberativa, la formulación de políticas dialógicas, la democracia participativa, la asamblea popular y el bienestar relacional.

todos» se aproximan a las «políticas para nadie». Como las decisiones de arriba abajo encuentran cada vez más resistencia, su eficacia se ve mermada. Por ello, se hace hincapié en una toma de decisiones más localizada o sensible al contexto.

* *Diálogo productivo.* Se insiste en las prácticas dialógicas como vehículo principal para potenciar la gobernanza. Sin embargo, como las conversaciones también pueden ser polémicas y polarizadoras, se buscan formas de diálogo generativo.
* *Colaboración.* Se reconoce sistemáticamente que la colaboración entre personas e instituciones es esencial para nuestro bienestar futuro.

Para concluir, podemos encontrar inspiración en varios ejemplos de estos movimientos que están en marcha. En el ámbito local, a los activistas de muchos países les preocupa que los servicios públicos prestados por los gobiernos nacionales y estatales no satisfagan las necesidades de la población. Por ejemplo, los servicios de sanidad, ocupación, vivienda y atención a la tercera edad suelen estar infrafinanciados, son poco flexibles y están lastrados con trámites burocráticos. Importantes movimientos en Dinamarca y el Reino Unido demuestran el potencial de la organización comunitaria para llenar ese vacío. En lugar de esperar de forma pasiva y resentida a recibir servicios, intentan generar relaciones dentro de la comunidad a través de las cuales puedan conseguir lo que el gobierno no logra. Así, en el Reino Unido grupos activistas han creado reuniones comunitarias en las que los vecinos comparten experiencias, conocimientos y sabiduría. A partir de ellas, pudieron desarrollarse redes que permitieron a los miembros de la comunidad ayudarse mutuamente a encontrar un trabajo satisfactorio, cuidar su salud y prestar servicios a los ancianos.[7] Yendo un paso más allá, los organismos públicos de asistencia social de una ciudad danesa se unieron para buscar de manera activa la colaboración de la comunidad en la prestación de servicios. Esto era crucial en los barrios donde la población inmigrante necesitaba las ayudas disponibles, pero no las conocía. Al trabajar con la gente, los servicios gubernamentales podían ajustarse mejor al contexto de necesidad.[8]

Si pasamos al ámbito regional, un reto importante en la costa noreste de Estados Unidos ha sido la drástica disminución de la población de peces. La repoblación se ha convertido en una necesidad urgente. Así pues, se diseñó un proyecto de colaboración en el que participaron organismos del gobierno nacional, el gobierno estatal, tribus indias con derechos de pesca, organizaciones no gubernamentales, científicos y ciudadanos. El caso resulta muy interesante, ya que ilustra las complejidades de la colaboración multipartita.[9] Acordar trabajar juntos hacia un objetivo común fue solo el primer paso hacia una coordinación productiva. El segundo reto era organizar el proceso. También había que resolver cuestiones relativas a los derechos y deberes respectivos, el liderazgo y las normas de decisión. Las respuestas a estas cuestiones requirieron años de experimentación y adaptación. El tercer reto para una coordinación productiva residía en el propio proceso de comunicación. Al proceder de entornos, perspectivas, posiciones

---

[7] Cottam, H. (2018). *Radical help: How we can remake the relationships among us and revolutionize the welfare state.* Londres: Virago.

[8] Von Heimburg, D., Ness, O. y Storch, J. (2021). Co-creation of public values: Citizenship, social justice, and well-being. En A. O. Thomassen y J. B. Jensen (Eds.) *Processual perspectives on the co-productive turn in public sector organizations.* Hershey, Estados Unidos: IGI Global.

[9] En Emerson, K. y Nabatchi, T. (2015). *Collaborative governance regimes.* Washington DC: Georgetown University Press.

de autoridad y valores diferentes, el microproceso de relacionarse no fue fácil. Cuando todos estamos entrenados en danzas diferentes, ¿cómo podemos bailar juntos? La gobernanza relacional no es un logro fácil, pero esta colaboración marcó una diferencia significativa para el medio natural.

Coda

Allí donde la gente puede mezclarse, también se pueden crear centros de sentido y valor, pequeñas formas de vida con sus propias trayectorias e innovaciones. Las tecnologías de relación actuales y futuras aumentan drásticamente las oportunidades para esa mezcla, de forma global e instantánea. Nos acercamos así a una situación global en la que los medios tradicionales para estructurar nuestras vidas perderán su capacidad de organización. La influencia de las tradiciones familiares, las escuelas, los organismos encargados de hacer cumplir la ley, las empresas, las religiones y los gobiernos cederán el paso a la fuerza descomunal de la cocreación incontrolable. Se podría ver esto como un nuevo mundo de liberación radical, en el que será posible explorar todos los potenciales de la humanidad. Por el contrario, con cada forma de vida buscando sus propios y preciados intereses, nos acercamos a un Armagedón a gran escala de todos contra todos. Si seguimos centrándonos en el bienestar de las unidades limitadas –personas, familias, comunidades, gobiernos, religiones, etc.–, estaremos propiciando una guerra de este tipo. Como se propone en esta obra, la esperanza reside en situar los procesos de relación en el centro de nuestra atención, cuidando y creando prácticas que nos permitan vivir y prosperar juntos. Tengo la profunda esperanza de que las páginas de este libro hayan ofrecido recursos para los exigentes viajes que nos esperan.

Otros recursos

Coleman, P. T., Deutsch, M. y Marcus, E. C. (Eds.) (2014). *The handbook of conflict resolution: Theory and practice*. (3ª ed.). San Francisco: Jossey Bass.

Cottam, H. (2018). Radical help: How we can remake the relationships among us and revolutionize the welfare state. Londres: Virago.

Crosby, B. C. y Bryson, J. M. (2005). *Leadership for the common good: Tackling problems in a shared-power world.* (2ª ed.). San Francisco: Jossey Bass.

Emerson, K. y Nabatchi, T. (2015). *Collaborative governance regimes.* Washington DC: Georgetown University Press.

Flaskas, C., McCarthy, I. y Sheehan, J. (Eds.) (2007). *Hope and despair in narrative and family therapy: Adversity, forgiveness, and reconciliation.* Londres: Routledge.

Hassan, Z. (2014). *The social labs revolution: A new approach to solving our most complex challenges.* San Francisco: Barrett-Koehler.

Sampson, C. (2010). *Positive approaches to peacebuilding: A resource for innovators.* Chagrin Falls, Estados Unidos: Taos Institute Publications.

Schoem, D. y Hurtado, S. (Eds.) (2004). *Intergroup dialogue: Deliberative democracy in school, college, community, and workplace.* Ann Harbor: The University of Michigan Press.

Sørensen, E. y Torfing, J. (Eds.). (2016). *Theories of democratic network governance.* Londres: Palgrave.

Stearns, P. (Eds.) (2018). *Peacebuilding through dialogue: Education, human transformation, and conflict resolution.* Fairfax: George Mason University Press.

Toulouse, P. R. (2018). *Truth and reconciliation in Canadian schools.* Winnipeg: Portage and Main Press.

Otros títulos publicados

Ideología y opiniones
Estudios de psicología
retórica
Michael Billig

**Practicando la terapia
como construcción social**
*Sheila McNamee, Emerson
F. Rasera y Pedro Martins*

El entramado
El apuntalamiento técnico
del mundo
Christian Ferrer

Los estudios culturales
Fredric Jameson

Apocalipsis
Karl Kraus

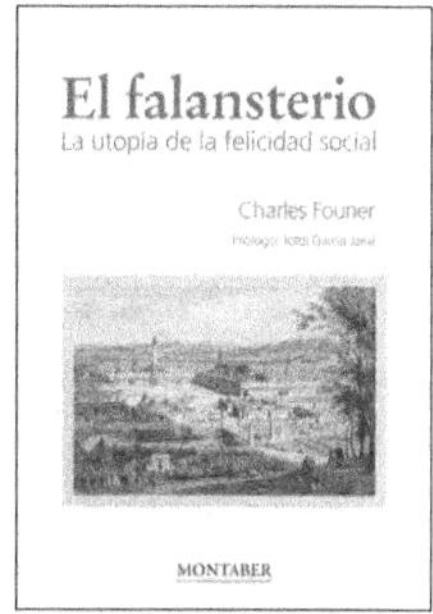

El Falansterio
La utopía de la felicidad social
Charles Fourier

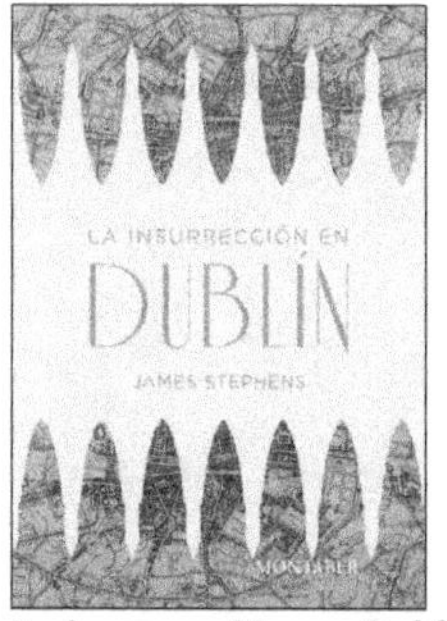

La insurrección en Dublín
James Stephens

Adaptación a utopía
Daniel Yacubovich

**El fin de las pequeñas
historias**
Eduardo Grüner

MONTABER   Tel. +34-931 429 486 – montaber@montaber.es – www.montaber.es